혐오의 미러링

혐오의 시대와 메갈리아 신드롬 바로보기

박가분 지음

혐오의 미러링

혐오의 시대와
메갈리아 신드롬 바로보기

박가분 지음

바다출판사

메갈리아 신드롬,
어떻게 볼 것인가

이 책은 2013년에 필자가 쓴 《일베의 사상》의 속편이자 보론이다. 2013년 당시 지역 비하, 여성 비하, 정치 혐오 그리고 (일부 인터넷 커뮤니티에서 통용되던) 어그로[1]와 패드립[2]을 하나의 놀이 문화처럼 만들어버린 '일베 신드롬'이 한창이었다. 두산백과사전의 정의에 따르면 신드롬이란 "어떤 공통성이 있는 일련의 병적 징후를 총괄적으로 나타내는 용어"로서, "증세로서는 일괄할 수

---

[1] MMORPG 게임에서 유래한 인터넷 상의 용어로, 상대방으로부터 욕설과 비난을 유도하기 위해 일부러 도발하는 언행을 의미한다.

[2] 패륜+드립의 합성어. 마찬가지로 인터넷 용어. 좁게 보면 부모를 거론한 패륜적인 욕설을 의미하며, 넓게 보면 고인을 모독한다든지, 약자를 멸시한다든지, 타인의 약점을 비꼬는 모든 비하 발언을 총칭한다. 예컨대, "박근혜는 어려서 부모를 일찍 여의어 유머감각이 없다"라는 (위키리크스에서 유출된) 이명박 전 대통령의 발언도 넓은 의미의 패드립이라 할 수 있다.

있으나 어떤 특정한 병명을 붙이기에는 인과관계가 확실치 않은 것"을 말한다. 일베 신드롬이란 도발적인 일베식 언행과 놀이화된 혐오 발언이 비단 일베뿐 아니라 여타 커뮤니티, SNS, 포털사이트 뉴스 댓글, 나아가 오프라인의 남성 또래문화에도 광범위하게 침투한 현상을 의미한다. 그 원인과 여파는 복합적이어서 한마디로 정리하기 어렵다.

이어서 2015년 여름에는 그동안의 여성혐오에 대한 소위 '미러링'을 슬로건으로 내세운 '메갈리아megalian.com'라는 신종 사이트가 등장했다. 이 사이트를 중심으로 뭉친 여성 유저들은 한국 여성을 싸잡아 '김치녀'라고 비난해온 그동안의 인터넷의 관행에 대해 '김치남' '썸치남' '한남충'이라는 신조어로 맞받아쳤다. 원치 않은 임신을 겪은 미혼 여성을 '낙태충'이라고 비하하는 남성 네티즌에 대해 '낙튀충'이라고 일갈하는 그들의 화법은 많은 남녀에게 '사이다'(시원함)를 선사하며 지지를 받았다. 또한 이들은 캠퍼스 화장실에 자신들의 사이트와 남성혐오 발언을 홍보하는 스티커를 붙이고 다녔고, 강남역 살인사건을 계기로 10번 출구의 추모 시위를 주도하는 등 인터넷 상의 유행을 넘어서는 새로운 정치·문화적 신드롬을 낳았다. 이들 역시 일베 유저들처럼 커뮤니티의 외연을 넘어 포털 뉴스 댓글창과 SNS에 출몰하며 자신들의 남성혐오 사상과 말투를 전파하기 위해 많은 노력을 기울였다.

이 책은 이러한 메갈리아 신드롬을 다루고자 한다. 비록 메갈리아와 그 파생 사이트들이 다룰 주제이기는 하지만 그동안 인터넷 상에서 행해진 차별적·혐오적 발언 전반을 복기하는 등 최대한 공정을 기하고자 노력할 것이다.

그동안의 여성혐오를 '미러링'한다는 명목 아래 수많은 남성혐오 신조어를 유행시킨 이들 인터넷 상의 자칭타칭 페미니스트 집단은 '워마드'와 '레디즘' 같은 파생 사이트로 분화했다. 한편 이를 둘러싼 '남성혐오' 등의 사회적 논란도 끊이지 않았다. 왜 여성혐오에 대한 문제 제기를 빙자해서 남성 전반에 대한 혐오를 조장하느냐는 반론 말이다. 이에 대한 재반론들은 이렇다. '그동안 인터넷 상에 만연했던 여성혐오를 여성의 관점에서 뒤집어 보여주는 미러링에 불과하다.' '김치남, 한남충, 씹치남 등의 발언은 남성혐오가 아니라 여성혐오에 대한 혐오(여혐혐)다.' '이것은 그동안의 여성혐오주의에 대한 프레임 뒤집기다.' 나아가 '그동안 여성혐오를 방관해온 자들은 그런 말을 할 자격이 없다.' 기타 등등.

그동안 연구자와 언론인들이 메갈리아/워마드 신드롬의 전모에 제대로 접근하기 힘들었던 이유에는 크게 세 가지가 있었다고 생각한다.

첫째, 그동안 인터넷 상에서 여성혐오 발언이 말 그대로 '중력'이나 '공기'처럼 만연해 있었다는 사실에 대한 원죄의식이 있었다. (사실 이것이 필자 자신에게도 심리적 장벽으로 작용했다.)

둘째, 용어상의 혼란이 있었다. 가령 '혐오 발언'이라고도 번역되고 '증오 발언'이라고도 번역되는 'hate speech'의 정의와 외연에 대한 명확히 합의된 기준이 없었다. 따라서 메갈리아를 남성혐오 사이트라고 정의하는 것에서부터 논란이 생긴다.

셋째, 이러한 용어상의 혼란을 이용한 현학이 담론장을 왜곡한 것도 한몫을 했다. 가령 《경향신문》의 한 여성주의 필진은 '남성혐오'라는 용어 자체가 잘못되었다고 말한다. 약자가 강자에게 행하는 혐오 발언은 "일상이 된 폭력으로부터 살아남기 위한 생존전략"이자 "그와 싸우기 위한 수단"[3]이기 때문이라는 것이다. 즉 약자·소수가 강자·다수에게 하는 발언은 폭력이 될 수 없다는 논리다.

한편 재일조선인에 대한 차별 반대에 앞장서온 인권운동가이자 변호사인 모로오카 야스코도 혐오 발언의 범위를 소수자·약자 대상으로 한정하고 있다.

"혐오 발언이란 넓게는 인종, 민족, 국적, 성별, 성적 지향과 같은 속성을 갖는 소수자 집단이나 개인에게 그 속성을 이유로 가하는 차별 표현이다."[4]

다른 한편 이러한 협소한 정의에 입각해서 보아도, 메갈리아/워마드의 혐오 발언이 단순히 강자·다수인 남성을 대상으로 한 혐오 발언에 그치지 않았다는 것은 자명하다. 그들이 놀이처럼

---

3 〈'개독'은 혐오 표현일까?〉, 《경향신문》, 2016.02.16. http://news.khan.co.kr/kh_news/khan_art_view.html?code=990100&artid=201602162054415. 한편 《경향신문》 '향이네'의 기획연재 〈페미니즘이 뭐길래〉는 1회에서부터 이미 메르스갤러리의 내부 발언들을 '남성혐오'라고 스스로 이름 붙이고 있다. 〈메갈리아의 '거울'이 진짜로 비추는 것〉, 《경향신문》, 2015.12.16. h2.khan.co.kr/201511231055211

4 모로오카 야스코, 조승미/이혜진 역, 《증오하는 입》, 오월의봄, 2015, 84쪽.

유행시킨 혐오 발언은 남자 어린이, 장애인, 성소수자, 심지어 의견을 달리하는 여성에 대한 혐오 발언으로도 이어졌다.

어떻게 보면 메갈리아/워마드가 즐기는 혐오 발언은《경향신문》과 모로오카로 대표되는 진보 진영의 통념을 냉소적으로 역이용하고 있다고 볼 수 있다. 따라서 인터넷 커뮤니티의 실상에 관한 쓸데없는 환상을 피하기 위해 이 책에서는 인터넷 상에서 실제로 나왔던 발언들을 마치 하나의 참조문헌인 것처럼 구체적으로 인용할 것이다. 또한 이처럼 혐오 발언이 대상을 가리지 않는 전염성과 확산성을 가진다는 점에 착안하여, 이 책에서는 혐오 발언의 의미를 특정 활동가나 이념집단의 정의가 아닌 최대한 일반인의 상식에 가깝게 사용할 것이다. 특히 2007년 차별금지법 제정이 논의되었을 때, 차별과 괴롭힘에 대한 정의 중 하나로 "개인이나 집단에 대하여 신체적 고통을 가하거나 수치심, 모욕감, 두려움 등 정신적 고통을 주는 일체의 행위"[5]라고 규정한 바 있었다. 이 책의 본문에서 언급하는 혐오 발언과 증오범죄는 바로 이 정의를 따른다. 특히 성별에 입각한 혐오 발언 일체에 대해서는 '젠더 혐오'라는 용어를 사용할 것이다.

1부에서는 메갈리아/워마드에서 행해진 혐오 발언과 증오범죄 선동의 구체적인 양상을 어떠한 미화나 과장 없이 거울에 비출 것이다. (이를 위해 인터넷 상의 글들을 최소한의 맞춤법 교정 외에는

[5] 차별금지법안 ko.pokr.kr/bill/178162/text

그대로 실었으며, 출처를 각주로 명시하였다. 또한 각 글에 대한 커뮤니티 내부의 반응을 엿볼 수 있도록 추천 수와 비추천 수를 병기하였다.) 일베가 디시인사이드dcinside.com의 야구갤러리, 코미디갤러리, 정치사회갤러리, 합성필수갤러리 등등 남초 커뮤니티[6]에서 유래한 '놀이화된 백색테러'라면 메갈리아/워마드는 남자연예인갤러리, 해외연예인갤러리, 각종 드라마 갤러리와 포털사이트의 각종 여초 커뮤니티에서 유래한 '놀이화된 적색테러'라는 것이 1부의 잠정적 결론이다.

한편 2부에서는 각종 커뮤니티들의 화력 과시의 '전쟁터'로 변질된 인터넷 공론장의 실상을 살펴볼 것이다. 또한 왜 이제까지 언론과 연구자들이 메갈리아/워마드 신드롬에 제대로 접근하지 못했는가라는 문제를 제기할 것이다. 진보·좌파 진영 내부에 공유되는 경직된 세계관과 진영논리가 그들의 사고에 맹점을 초래한 것이 아닌가 하는 문제의식이다.

이러한 2부의 문제의식을 조금 더 부연해보자. (줄리엣 미첼과 같은 소수의 여성주의 사상가들의 통찰을 제외하면) 메갈리아 신드롬은《여성혐오를 혐오한다》의 저자 우에노 치즈코를 비롯한 기존 여성주의자들의 이론 내지는 사상으로도 설명하기 곤란한 현상이다. 우에노 치즈코는 그 책에서 여성혐오misogyny가 남성중심사회의 오랜 병증이었음을 지적하며, 이때 "여성혐오증은 남성에게는 여

---

6   남성 유저의 비율이 높은 커뮤니티를 말한다. 반대로 여성 유저의 비율이 높은 커뮤니티를 '여초 커뮤니티'라고 한다.

성 멸시, 여성에게는 자기혐오적 성향으로 나타난다"[7]라고 말한다.

한편 메갈리아/워마드 내에서도 자신과 의견이나 생활방식이 다른 여성에 대한 명백히 '여성 멸시적'인 발언들이 관찰된다('봊초'에서부터 '명예자지' '흉내자지' 등등). 여성혐오에 맞선다는 이들조차도 여성혐오 프레임에 사로잡혀 있다는 방증일까? 여성혐오란 그의 말대로 '중력'과 같은 것이기 때문에? 아무튼 '여성혐오를 혐오한다'라는 우에노 치즈코의 한국어 번역본 제목은 '혐오에 혐오로 대응한다'라는 메갈리아/워마드 신드롬의 암묵적·명시적인 사상적 근거가 되었다. 그러나 해당 저서의 원제는 《여성혐오—일본의 미소지니女ぎらい─ニッポンのミソジニー》이며, 그 책의 본문 어디에도 혐오에 혐오로 대응하자는 암시는 없다.[8] 그런데 원저자의 의도가 어찌되었든 번역 과정에서 암묵적으로 삽입된 '혐오에 혐오로 대응한다'라는 사상은 이후 메갈리아/워마드 신드롬과 접목되면서 우에노 치즈코가 원래 분석하고자 한 여성혐오의 구조를 넘어서는 현상을 낳았다. 일부 여성들이 자신의 우월한 여성성(갓치)에 입각해서 다른 여성과 소수자·약자를 멸시하는(예를 들어 게이를 '똥꼬충'으로, 남자 어린이를 '한남유충'으로, 장애인을 '장애한남'으로) 담론들까지 낳은 것이다.

우에노는 여성혐오가 '중력처럼' 가부장제 사회구조에 만연해 있다고 말한다. 그러나 이처럼 여성혐오가 만연해 있다는 것

---

7   우에노 치즈코, 나일등 역, 《여성혐오를 혐오한다》, 은행나무, 2012.
8   해당 내용을 제보해준 페이스북 상의 친구 이성빈 님께 감사드린다.

을 힘주어 강조할수록 여성혐오는 모든 것을 설명할 수 있는 만능 열쇠가 되는 동시에, 정작 '약자'인 여성이 다른 여성과 소수자들에게 멸시적 언행을 쏟아내는 것과 같은 괴리적 현상을 설명하지 못하는 무능력에 빠진다. 가령 비행기 사고를 중력의 탓으로 돌리는 사람이 있다면, 그는 보통은 어리석은 사람으로 간주될 것이다. 그러나 이런 종류의 어리석음이 강남역 살인사건에 대한 일부 진보 언론의 분석에서 유독 두드러졌다. 이는 경제위기를 설명하고 구체적인 해법을 제시해야 할 때 계급투쟁이나 제국주의 그리고 신자유주의라는 거대 담론으로 비약하는 진보·좌파 지식인들의 나쁜 습관과 일맥상통한다.

만일 2부에서 필자의 논조가 반페미니즘적으로 느껴진다면, 그것은 어디까지나 이론상의 맥락일 뿐이다. 가부장의 권위에 대한 공격, 젠더 규범에 대한 문제 제기, 일상의 격차와 유리천장 등등의 불평등한 현실에 이의를 제기하는 당위론으로서의 여성주의와 진보이념이라면 수긍할 수 있다. 하지만 현실을 설명하는 이론의 문제는 다르다. 오랫동안 당위론을 빌미 삼아 현상을 제대로 인식하는 데 게을렀던 것은 아닐까. 이것은 과거 필자 자신에 대한 자아비판이기도 하다.

책의 마지막 부분에서는 '혐오의 시대에서 살아남기'라는 제목 아래 더 구체적인 제언들을 모색해볼 것이다. 메갈리아/워마드에 대한 오도적인 분석이 잇달았던 것은 실은 인터넷 커뮤니티의 실상에 대한 모니터링이 제대로 이루어지지 않은 탓이 크다.

각자가 자신의 이념적 환상과 기대를 제멋대로 투사한 결과다. 이것을 유념한 채 인터넷 공간의 구체적인 환경설계에 대한 제안을 나름대로 시도해볼 것이다. 단, 이것은 어디까지나 아마추어의 견해일 뿐임을 감안하고 읽어주기를 바란다.

많은 이들의 도움이 없었으면 이 책은 결코 완성될 수 없었을 것이다. 특히 보통 여성 전용인 여초 커뮤니티에 대해 이런저런 제보를 해준 익명의 네티즌들과 여자사람 친구들에게 감사를 표한다. 또한 여초 커뮤니티의 문화가 어떠한지에 대해 무지했던 나에게 끈기 있게 설명을 해준 여자친구에게도 감사를 표한다. 그들에게 이 책을 바친다.

차례

메갈리아 신화를 넘어서

"진정한 변화란 중심화제가 바뀌었음을 뜻한다."
— 나오미 클라인, 아르헨티나의 소설가 세자르 아이라를 인용하며

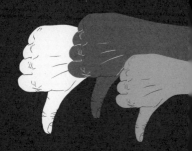

1부에서는 일베 등의 여성혐오에 뒤이은 메갈리아/워마드 발 남성혐오 신드롬의 기원을 추적한다. 또한 이들 커뮤니티의 실제 문화와 언행이 어떠한지를 살펴보며, 그들이 내세우는 '미러링'이라는 명분의 허실을 따져볼 것이다. 그리고 이와 관련하여 인터넷 커뮤니티 내에서 '실제로' 있었던 사건사고들을 추적할 것이다. 아울러 메갈리아/워마드를 둘러싼 각종 신화의 허구성을 조명하며, 그 신화가 인터넷 커뮤니티의 생리에 대한 기본적인 이해의 결여에서 비롯되었음을 보일 것이다.

다르면서도 비슷한
일베와 메갈리아

일베의 부침

일간베스트ilbe.com 혹은 일베라는 유머사이트는 여성혐오와 전라도에 대한 지역 비하 그리고 진보 세력에 대한 정치 혐오의 온상이었다. 2011년에 등장한 일베의 기원은 크게 서너 개의 커뮤니티로 나누어 볼 수 있다.

일베 이전부터 디시인사이드dcinside.com의 '야구갤러리'에서는 야구팬들 간의 싸움에서 비롯된 지역 비하 콘텐츠가 유행했다. '정치사회갤러리'에서는 과거 2008년 촛불시위의 과격화에 대한 반감으로 촛불시민을 비롯한 노무현·김대중의 지지자 전반에 대한 정치 혐오가 만연했다. 전라도를 '홍어'와 '호성성님'에 빗대어 말하는 지역 비하 발언과 촛불시위대를 '좀비'에 견주는 비하적 언행은 합성·필수요소갤러리에서 패러디 짤방[10]으로 확대재생산되었다. 또한 '코미디갤러리'는 인터넷 유저를 대상으로 한 신상털기와 저격 그리고 무차별적인 조롱과 모욕을 재미있는 놀이로 받아들이고 있었다.

이 모든 것은 2000년대 후반부터 유행하기 시작했다. 한편 여성에 대한 인터넷 상의 혐오 발언은 그보다 더 오래되었다. 2010년대에 '김치녀'와 '보슬아치'라는 유행어가 있었다면, 2000년대 중반에는 '된장녀'와 '고추장녀'가 유행했다. 여기에는 젊은 여성들이 경제적 책임 등을 남성에게 전가하면서 허영에 빠져 있다는 불만이 담겨 있다. 이 같은 인터넷 상의 여혐(여성혐오) 발언은 공무원 시험의 군가산점제 폐지가 논란이 되었던 PC통신 시절에도 발견된다. 당시에도 특정 여대와 여성단체 전반에 대한 혐오 발언과 사이버 테러가 열병처럼 유행했다.

일베는 이 같은 여러 남초 커뮤니티 내에 있었던 경향성(지역 비하, 병맛 문화와 관심병 문화, 신상털기 놀이, 여성혐오 등)이 하나로 집약되어 나타난 현상이다. 특히 혐오 콘텐츠가 이들 사이에서 유머로 통용되면서, 일베는 이들 자료를 아카이빙하는 '데이터베이스'로 출발했다. 그 이후 일베가 아카이빙 기능을 넘어서 독립적인 인터넷 커뮤니티로 분화하자 콘텐츠를 단순 소비하는 것을 넘

---

9   과거 해태 타이거즈 시절 한 프로야구 선수의 살인범죄를 희화하는 용어다.

10   인터넷에서 소비되는 재밌는 사진과 시각자료를 의미한다.

어서 더 적극적인 형태의 행동으로 나아갔다. 즉 일반 시민을 대상으로 한 무차별 신상털기, 여성 등 사회적 약자에 대한 멸시적 발언, 인터넷 상의 모욕과 조리돌림, 대자보를 찢는 등의 테러와 범죄모의로까지 말이다.

이 같은 일베의 각종 사건사고들이 언론에서 간헐적으로 다루어졌지만, 2014년 〈그것이 알고 싶다〉에서 일베의 실상이 본격적으로 방송된 것이 하나의 분수령이 되었다. 해당 방송은 일각에서 그저 '애들 장난'으로 치부되었던 일베 내부의 실상을 전 국민 앞에 해부하듯이 까발렸다.

그 이후 일어난 또 하나의 결정적인 사건은 일베 유저들이 일으킨 이른바 '폭식 시위'였다. 광화문 광장에서 단식투쟁을 하고 있는 세월호 유가족 앞에서 일베 유저들이 배달 음식을 시켜먹는 퍼포먼스를 벌인 것이다. 세월호 유가족들을 대상으로 저지른 이런 패륜적인 행동에 당연히 많은 이들이 당황을 넘어서 분노했고, 이후 일베는 사회적 문제아로 낙인찍히게 되었다. 일베가 언론의 조명을 본격적으로 받기 시작한 이후 일베에 대한 사회적 통제력이 비로소 발동하기 시작했다. '유머'로 받아들이기에는 그동안의 방약무인함의 정도가 지나쳤던 것이다.

이후 일베는 하락세를 면치 못했다. 2013년까지만 해도 각종 웹데이터 분석기관에서 방문객 수 기준으로 인터넷 유머 커뮤니티 분야 1위를 차지하곤 했던 일베는 이후 방문자 수에서 꾸준히 하락세를 보였다.[11]

또한 일베에 대한 견제가 인터넷 상에서도 일어났다. 대선 직전인 2012년 말에는 이미 일베에 반감을 가졌던 여성시대cafe. daum.net/subdued20club, 오늘의유머todayhumor.co.kr, 루리웹ruliweb. net, SLR클럽slrclub.com 등의 남녀 네티즌들이 일베에 조롱 댓글을 도배하는 일명 '일베대첩' 사건이 있었다. '일워ilwar.com'라는 커뮤니티는 일베의 혐오 발언을 뒤트는 조롱 글을 쏟아냈다. 또한 일베의 혐오 자료들을 증거 보존 차원에서 아카이빙하는 '세이브 일베saveilbe.com'도 등장했다.

일베에 사회적 문제라는 낙인이 찍히자 남초 커뮤니티에서조차 일베는 터부시되었다. 필자의 주 활동 커뮤니티인 루리웹 유머게시판에도 일베 논란이 일기 이전까지는 자칭 남성연대의 대표였던 성재기의 여성혐오 발언을 두둔하는 글이 많았다. '김치녀' 운운하는 여성혐오 게시물도 꽤 올라왔다. 그러다가 성재기의 일베 성향 논란이 불거지고 일베에 대한 반감이 남초 사이트 사이에서 공유되자, '일베'에 대한 언급 금지 공지가 올라왔다. 그 이후에야 비로소 '김치녀' 발언이 '여혐'이라는 자각이 생기기 시작했다. 이처럼 일베에 사회적 낙인이 찍히자 비로소 여러 남초 커뮤니티들의 '거리두기'가 시작되었다. 이것은 메갈리아가 등장하기 한참 전의 일이다.

11   〈일베의 전성시대 끝나간다〉, 《경향신문》, 2014.01.11.

구분	제목	글쓴이	추천	조회	날짜
유머	대학에 간 김치녀.jpg (7)		2	903	13.05.18
유머	마이유 몰동심 사건 보고 화를 했는데?? (7)		3	1452	13.05.16
유머	김치녀의 더치페이 설교 (14)		0	1211	13.05.14
유머	김치녀의 패기.jpg (17)		0	1660	13.05.13
유머	김치녀 클라스.jpg (17)		7	1757	13.05.12
유머	김치녀들.jpg (14)		2	902	13.05.11
유머	한글 전세낸 김치녀 (13)		6	1478	13.05.11
유머	한글 전세낸 김치녀 (10)		9	1013	13.05.11
유머	김치녀 젠틀맨 패러디.avi ▷		1	486	13.05.09
유머	한글 전세냈다는 어느 또라이 김치녀 (1) ▷		1	679	13.05.09
유머	결혼전 김치녀 엔탈.avi (4) ▷		3	1113	13.05.08
유머	흔한 김치녀의 패기 (8)		3	1789	13.05.08
유머	흔한 김치녀들의 이중성 (4)		1	675	13.05.07
유머	대륙남 만나러 간 김치녀 (10)		3	1225	13.05.07
유머	김치녀의 지론은 이분이지 (12)		2	1321	13.05.07
유머	김치녀 열등감이가 아닌가? (13)		1	1399	13.05.07
유머	김치녀의 통새시장꼴릭.jpg (14)		0	1262	13.05.02
유머	김치녀의 경제권 개념.jpg (8)		3	961	13.04.28
유머	김치녀들이 좋아하는 외제차 甲 (1)		1	808	13.04.28
유머	할로윈에 특화된 김치녀.jpg (13)		5	1581	13.04.26
유머	유게 눈팅킬 여그로 자주서는 주제. (2)		1	247	13.04.25
유머	16세에 당당함... (10)		0	1432	13.04.19
유머	눈치없는 김치녀. (4)		1	1034	13.04.14
유머	김치녀의 흔한 해방의리 (9)		4	1555	13.04.13
유머	이 성형 김치녀 드디어 기사톰.jpg (10)		1	1777	13.04.09
유머	반도의 김치녀.avi (3) ▷		0	827	13.04.09
유머	반도의 흔한 김치녀 (8) ▷		7	972	13.04.09
유머	김치녀에 대한 일침.JPEG (5)		2	1067	13.04.09
유머	김치녀의 장례식 패션 (7)		2	924	13.04.07
유머	반,박,불.가 (6)		6	829	13.04.06

루리웹 유머게시판에 올라왔던 '김치녀' 관련 키워드 검색 결과. 2013년까지만 해도 관련 게시물 내용 상당수가 한국 여성(김치녀)이 경제적으로 남성에 의존적이고 눈치가 없다는 비하 내용이었다.

메갈리아의 건국신화

한편 2015년 5월을 기점으로 디시인사이드의 '메르스갤러리'와 '메갈리아'라는 남성혐오 성향의 인터넷 커뮤니티가 등장하면서부터 일베의 여성혐오 발언은 눈에 띄게 화력[12]에서 밀리기 시작했다. 2016년 1월 27일 JTBC의 〈탐사플러스〉는 최근의 남성혐오가 여성혐오를 앞지르고 있다는 분석을 보도한 바 있다. JTBC의 보도에 따르면, "조사 대상이 된 주요 커뮤니티들이 혐오하는 대상을 분석해본 결과 정치에 대한 혐오가 가장 많았고, 남성과 여성이 그 뒤를 이었다. 금수저 논란을 낳은 계층 간 혐오와 세대별 혐오도 눈에 띄었다."[13] 비율을 보면 정치 혐오가 35퍼센트로 가장 많았고, 남성혐오는 19.6퍼센트, 여성혐오는 10.4퍼센트였다. 즉 어느 시점에서부터 남성혐오 게시물이 여성혐오 게시물을 양적으로 앞지른 것이다. 물론 이는 최근의 추세에 불과하며 지금까지는 인터넷 상에 여성혐오 발언이 압도적이었다는 반론도 있다. 필자 역시 이에 동의한다. 그러나 최근 남성혐오 발언이 인터넷 상에서 빠르게 유행하고 있는 것은 분명한 사실이다. 메갈리아의 등장 이후 '한남충' '김치남' '씹치남' '실좆' '소추소심' '6.9' '상폐남' '재기해' 등의 남성 비하 용어가 SNS와 인터넷 커뮤니티 일각을 점령하고 있다. 이 같은 남성 비하 발언의 상당수는 일견 그동안의 여성혐오 발언에 대한 패러디나 미러링의 형태를 취하고 있다.

　　이와 관련하여 《미디어스》라는 진보 성향의 언론매체는 "메갈리아는 여성혐오의 말과 행동 모방으로 '미러링'을 통해 그

12　인터넷 상에서 어떤 여론이나 정보 그리고 유행어를 유행시키는 데 참여하는 유저들 간의 단합력을 의미한다.

13　〈남성혐오가 여성혐오보다 많다?… JTBC에 '팩트체크'를 요구한다〉, 《미디어스》, 2016.2.11

메갈리아/워마드 내부의 남성혐오 은어	
강약약강	한국 남성들은 강자에게 약하고 약자에게 강하다는 줄임말.
김치남	한국 여성을 '김치녀'라고 부르는 여성 비하 발언에 대한 미러링.
부확찢	'부랄을 확 찢어버린다'의 약어.
부랄발광	'부랄+지랄발광'의 합성어.
상폐남	혼기를 놓친 나이 든 여성을 주식에 비유해 '상장폐지녀(상폐녀)'로 조롱하던 용어에 대한 미러링. 혼기를 놓친 나이 든 무능한 남자를 지칭한다.
소추소심	한국 남성들은 고추도 작고 소심하다는 의미.
실잦	'실자지'의 약어. 고추가 작은 남성을 비웃는 용어.
씹치남	'씹+김치녀'의 약어인 '씹치녀'의 미러링.
애비충	(가부장적인 성향의) 아버지를 벌레에 비유하며 조롱하는 단어. 파생어로는 '시애미충'이 있다.
이중잦대	남성들이 행하는 이중 잣대를 '자지'에 빗대어 조롱하는 단어.
자들자들	'부들부들'이라는 말을 '자지'에 빗댄 말.
자적자	'자지의 적은 자지'의 줄임말. '보지의 적은 보지'(보적보)라는 말에 대한 미러링.
자지오패스	'자지+소시오패스'의 줄임말.
재기해	한강 다리에서 투신한 고 성재기를 빗대어 '자살해'를 의미하는 은어.
한남충	한국 남성을 벌레에 비유한 단어. 특정 계층에 '~충'이라는 비하적 의미를 붙여 부르는 것이 인터넷의 유행이다. '중고등학생=급식충' '보수적 노인=틀니딱딱충'이 그 예다.
한남유충	남자 어린이를 벌레 유충에 빗대어 낮춰 부르는 말.
6.9	한국 남성의 성기 길이가 평균 6.9cm라는 주장을 인용하여 한국 남성을 비웃는 용어.

그 외의 커뮤니티 은어	
~노	고 노무현 대통령의 성인 '노盧'를 따와서 경상도 방언인 '~노'에 빗대 합성한 끝말. 일베에서 시작된 유행어로, 메갈리아에서도 그대로 따라서 사용하고 있다.
~이기(야)	고 노무현 대통령이 발언한 내용 중 "대한민국 군대 지금까지 뭐했노 이기야!"에서 '이기야'만 따와서 어미를 패러디해 일베에서 사용해왔다. 이 일베식 어미를 메갈리아와 여성시대 등지의 여초 커뮤니티에서도 그대로 따라서 사용하고 있다.
갓양남	여성을 배려하고 매너 있는 서양 남성을 찬양하는 용어.
갓치	'씹치' '김치'라는 비하 용어에 대응해 여성 스스로를 높여 부르는 말.
메추	메갈리아 내부에서 게시글에 대한 추천을 의미. 워마드의 경우에는 '워추'.
명예자지	남성의 편을 드는 여성을 비하하는 말. 유의어로 '흉자(흉내자지)'가 있다.
보돕보	'보지의 적은 보지'(보적보)라는 인터넷 상의 여성혐오 발언에 대응해 여성끼리 서로 돕는다는 말.
보력지원	다른 커뮤니티와 포털사이트 뉴스 댓글창에 글을 집단적으로 도배하는 '화력 지원'을 보지에 빗댄 말.
보지대장부	한국 남자들을 당당하게 욕하고 패는 멋진 여성을 의미하는 은어. '사내대장부'의 미러링.
보지오패스	보지+소시오패스.
봊나	'좆나'를 여성 성기에 빗대어 미러링한 말.
빻았다	얼굴이 뭉개질 만큼 못생겼다는 여초 커뮤니티의 외모 비하 용어.
창조주	어머니를 가리키는 말. 반의어는 '애비충'.
코르셋	일상에서 여성에게 가해지는 이중 잣대와 불합리한 젠더 규범을 비유하는 말.
행갓치	행동하는 갓치(여성)의 줄임말. 일베의 '행게이(행동하는 일게이)'에 대한 패러디이기도 하다.

메갈리아의 등장 이후 한국 남성의 왜소한 성기 길이를 빗댄 '6.9cm'라는 유행어가 등장했고, 이는 메갈리아 사이트의 로고로 정립되기에 이른다.

에 대한 잘못을 깨닫게 하겠다는 의미에서 탄생한 커뮤니티"[14]라고 메갈리아를 소개하고 있다. 이것이 이 남성혐오 사이트를 동정적으로 보도하는 상당수 진보 언론과 여성단체의 시각이기도 하다. 혹자는 메갈리아와 이후 파생된 워마드가 남성혐오 사이트가 아닌 "여성혐오에 대한 혐오(여혐혐)" 사이트라고 항변하기도 한다. 페이스북의 메갈리아 홍보 페이지인 '메갈리아4' 운영자는 남성혐오 논란에 대해 한 언론과의 인터뷰에서 "우리를 '남혐'으로 보는 사람은 자신이 여성혐오에 너무 익숙해져 있기 때문이다"라고 반박한 바 있다.[15]

그러나 메갈리아라는 사이트가 정말로 단순히 용어상의 '미러링'에 그치는 것일까? 앞으로 살펴보겠지만 이들은 단지 과

---

14   같은 곳.

15   〈'여자 일베' 비판받는 '메갈리아'를 아시나요〉,《일요신문》, 2015.11.30. http://ilyo.co.kr/?ac=article_view&entry_id=153736

거 일베와 유사한 용어를 쓰는 데에만 그치지 않고, 다른 유저의 신상을 털고 조리돌림을 자행하며 혐오물과 음란물을 게시하고 범죄를 모의하는 데에서도 일베와 유사성을 보인다. 그리고 그것이 높은 추천 수와 옹호 댓글을 받는 모습을 보면 이것이 단지 '일부'의 문제가 아니라는 것을 알 수 있다. 즉 인터넷 상의 남성혐오는 단순히 용어상의 패러디에만 그치지 않고 그 구체적인 실천까지 일베를 모방하고 있다. 메갈리아 옹호자들은 이것이 일종의 불가피한 '충격요법shock therapy'이라고 반박하겠지만 말이다. 실제로 메갈리아는 '당신들이 일베와 다를 것이 무엇이냐'라는 항변에 대해 공지사항에서 이렇게 반박하고 있다.

"좀 더 성숙하게 논리적인 분위기로 바꾸자? 그 짓 10년 넘게 했다. 돌아온 거 없다."

즉 이러한 충격요법만이 유일한 방법이라는 것이다.

한편 메갈리아 측에서 내세우는 공식적인 건국신화를 보면 이렇다. 태초에 여성혐오가 있었고, 이로 인해 많은 여성이 인터넷 공간과 일상에서 고통받고 있었다. 모든 전설이 어느 정도는 역사적 사실에 기초하듯이, 이것은 사실이다. 아무튼 그렇게 해서 이하와 같은 내용의 신화가 시작된다.

2015년 5월 메르스 사태가 심각해진 어느 날 홍콩에 여행을 간 두 여성이 메르스 의심 환자로 진단받았음에도 당국의 격리를 거부했다는 뉴스가 전해졌다. 인터넷 게시판은 두 여성을 '김치녀'라고 욕하는 악플로 넘쳐났다. 그러다가 이것이 의사소통의 오해에서 비롯된 와전된 소식이었다는 뉴스가 전해지자 그동안 여성혐오 악플에 시달려왔던 디시인사이드의 여성 유저들을 주축으로 여론의 역풍이 불기 시작했다. 그들은 디시인사이드의 '메르스갤러리'로 몰려가 그동안의 여성혐오 발언들을 남성 대상으로 미러링하는 글들을 올리기 시작했다. "남자가 피시방 가면 된장남이다. 집에 컴퓨터 있는데 왜 돈 낭비하나?" "남자도 신사처럼, 조신하게 미래의 배우자를 위해 동정을 지켜야 한다"와 같은 과거의 여성혐오 발언들에 대한 패러디 말이다.

　이것이 언론에도 보도되고 반향을 얻자 디시인사이드의 운영자 김유식은 돌연 악플 방지라는 명목으로 이중 잣대를 휘두르며 게시글들을 지우기 시작한다. 여성 유저들은 이에 대항하여 메르스갤러리에 올라왔던 미러링 자료들을 보존할 독립적인 커뮤니티인 '메갈리아 저장소'를 만든다. 메갈리아라는 명칭은 게르드 브란튼베르그가 쓴 소설 《이갈리아의 딸들》에서 따온 것으로서, 이 작품은 남성과 여성의 지위가 완전히 반대가 된 이갈리아라는 가상 국가의 이야기를 그린다. 이후 메갈리아는 그동안 유독 여성에게만 가해졌던 도덕적 이중 잣대(일명 코르셋)에 저항하며 여성혐오 발언에 문제를 제기하는 사이트로 자리매김하게 된다.

　한편 그 대의명분과 별개로 최근 메갈리아/워마드에서 잇달아 사회적 논란과 사건사고들이 불거지자, 이에 대해 점잖은 진보주의자들이 메갈리아가 '초심'을 잃었다고 우려하는 것을 간혹 볼 수 있다. 2015년 12월경 메갈리아 내부에서 남성 성소수자에 대한 혐오 정서가 한창 유행했을 때,《ㅍㅍㅅㅅ》라는 인터넷 매체에 기고한 begray라는 문화연구가는 메갈리아를 하나의 대중운동 movement으로 정의하며 여성주의 운동이 성소수자 운동과 올바른 관계 설정을 해야 한다고 조언하고 있다.

"메갈리아를 운동으로 간주하고 이번 사태를 분석해보자면, 대중적인 여성주의 운동이 성 소수자 그룹과의 관계를 어떤 식으로든 명확히 해야 할 필요성이 드러났다는 게 우선 눈에 띄는 지점이다. 1990년대, 심지어 2000년대 중반까지만 해도 여성주의 성정치는 성 소수자 문제를 직접적으로 다루지 않아도 문제가 없었지만, 이제는 지형이 바뀐 것처럼 보인다. 이번 메갈리아 분열 사태는 한국의 퀴어 그룹에 대한 명확한 입장 없이 대중적인 성정치 전개가 어려울 만큼 퀴어 그룹의 존재가 가시화되었음을 보여주는 사례라 하겠다."[16]

이 같은 선량한 진보주의자들의 문제점은 성소수자의 권리를 옹호하는 데 있는 것이 아니라 메갈리아의 건국신화를 곧이곧대로 믿고 있다는 데 있다. 한마디로 메갈리아는 페미니즘적 목적을 지향하는 인터넷 상의 대중운동이라는 인식 말이다. 그러나 앞으로 살펴보겠지만, 사태에 깊이 천착할수록 이 신화에 균열이 가는 것을 볼 수 있다. 모든 신화는 사실을 숨긴다. 특히 대개의 건국신화는 한 민족공동체가 늑대의 젖을 먹은 아이들에 의해, 하

---

16 〈게이 아웃팅 프로젝트의 전말〉,《ㅍㅍㅅㅅ》, 2015.12.22. http://ppss.kr/archives/64506

늘에서 내려온 누군가에 의해, 혹은 천재지변에 의해 '하루아침'에 세워졌다고 말한다. 인터넷 커뮤니티의 신드롬에 대해서도 많은 사람들이 이런 신화적인 사고에 입각해서 생각한다. 메갈리아는 자신의 건국의 기원을 메르스 사태라는 신화적인 사건에서 찾고 있다. 그러나 일베도 하루아침에 만들어진 것이 아니듯, 메갈리아도 하루아침에 만들어진 것이 아니다.

메갈리아는
하루아침에 만들어지지 않았다

일베의 경우 디시인사이드의 정사갤, 야갤, 코갤, 합필갤이 일베의 전사前史를 이루고 있다. 개별 커뮤니티의 문화와 관행이 축적되면서 '일간베스트 저장소'라는 별개의 데이터베이스 혹은 커뮤니티를 형성한 것이다. 메갈리아의 경우도 그 사이트의 문화와 관행의 토대가 된 여러 여초 커뮤니티가 있었다. 디시인사이드의 대표적인 여초 커뮤니티로는 해외연예인갤러리, 남자연예인갤러리, 각종 드라마 갤러리 등이 있다. 이 중에서 가장 직접적인 영향을 미친 갤러리가 남자연예인갤러리(일명 남연갤 혹은 라면갤)다.

인터넷 여초 커뮤니티에는 "닥치고 눈팅 삼일(일명 닥눈삼)"이라는 말이 있다. 커뮤니티의 문화와 관행을 이해하지 못하고 커뮤니티에서 섣불리 글을 쓰다 보면 '눈새짓(눈치 없는 행동)'을 하거나 유저 간의 공연한 분란으로 이어질 수 있기 때문이다. 이들은 대개 외부 유입을 달가워하지 않기 때문에 자신들끼리만 알아들을 수 있는 초성체와 은어를 심하게 쓴다. 예컨대 일부 여초 커뮤니티에서는 동방신기의 시아준수를 '살구'라고 부른다. 이것은 시아준수와 살구 사이에 얽힌, 팬들만이 아는 에피소드에 대한 지식 없이는 알아들을 수 없는 은어다. EXO의 멤버 찬열을 '뚝딱이'라고 부르는 것 역시 비슷하다. 이러한 은어를 중심으로 유저 간 친목 행위가 이루어진다. 또한 연예인에 대해 비속어를 쓸수록 은어 사용은 더욱 심해진다. 여초 커뮤니티도 남초 커뮤니티 못지 않게 분란과 사건사고들이 많았음에도 잘 표면화되지 않았던 이유가 여기에 있다. 이 경우에도 이른바 '닥눈삼'의 미덕이 필요하다. 메갈리아의 전사를 이루는 커뮤니티들을 살펴볼 때에도 마찬가지다.

남연갤은 2013년도에 개설된 갤러리로서 일베 신드롬이 한창이던 시절에 생성되었다. 초기에는 샤이니, 슈퍼주니어, 세븐틴 등의 아이돌 팬이 거쳐 갔다. 이후 남자 아이돌 그룹 EXO의 〈으르렁〉이 히트를 하자 EXO 팬들이 대거 유입되면서 사실상 EXO 팬 커뮤니티의 성격을 띠게 되었다. 2014년부터는 디시인사이드의 상위 갤러리가 되었다. 여초 커뮤니티가 으레 그렇듯이 남연갤 팬들은 자신이 좋아하거나 싫어하는 연예인에 대해 별칭을 붙여 놀곤 했다. 가령 엑소 내부의 K나 M과 같은 하위 그룹을 구분하지 못하는 일반인들은 남연갤에서 이들을 각각 '김치'와 '만

두'라는 용어로 부르는 것을 이해할 수 없다.

또한 남연갤은 여성시대, 임시대피소, 삼국카페와 같은 다른 여초 커뮤니티와 달리, 법을 위반하지 않는 한 관리자가 유저의 발언에 거의 개입하지 않는다. 이것은 디시인사이드 갤러리 전반의 특성이기도 하다. 이에 따라 다양한 화제들이(연예인에 대한 이야기에서 일상의 소소한 잡담까지) 오갔다. 유저의 높은 자유도가 보장되는 디시 갤러리의 특성상 분란도 많았는데, 특히 남연갤은 오래전부터 아이돌 팬 간의 분란이 끊이지 않았다. 무엇보다 남연갤의 가장 큰 특징은 아무리 늦어도 2014년부터 일베 용어를 자유롭게 사용해왔다는 점이다. 이는 당시 일베 유저들을 극도로 혐오하며 그 말투조차 터부시했던 다른 여초 커뮤니티와 다른 부분이다.

예컨대 남연갤 유저들은 '~노' '~이기야' 같은 일베 특유의 종결 어미를 사용하는가 하면 '노무노무' '운지' 같은 노무현 비하 발언도 개의치 않고 사용했다. 일베 내의 장애인 비하 발언인 '으엑으엑'은 물론이고 전라도 출신 아이돌에 대한 비하 발언도 심심찮게 볼 수 있었다. 이 때문에 남연갤은 오래전부터 일부 커뮤니티들에 의해 '여자 일베'라는 별칭이 붙었다. 동시에 남연갤에는 '~긔' '~했오' '언냐' 같은 여초 커뮤니티에서 사용하는 정감어린 언어도 공존했다.

물론 일베가 언론에서 논란이 된 이후 일베 말투를 쓰는 것에 거부감을 표하는 유저들도 간혹 있었으나, '비속어와 욕설을 자유자재로 쓰는 일베와 남연갤이 무엇이 다르냐'는 투로 일소에 부쳐졌다. 이와 관련하여 필자에게 제보해온 한 남연갤 유저는 당시 "일베 용어를 사용하는 것은 대단한 뜻이 있어서가 아니라 그냥 단순히 '재밌어서'였다"라고 말한다. 특히 일베식 말투는 단순히 말투로 그치는 것이 아니라 일베를 위시한 일부 남초 커뮤니티의 '패드립'이나 '어그로' 등의 상호 비존중의 문화와 연관되어 있다. 이와 관련하여 필자에게 제보해온 또 다른 남연갤 유저는 "남연갤에서 사용하는 아이돌을 지칭하는 용어들이 대부분 비하의 의미이며 하루 종일 루머나 비방 내용을 만드는 게 일과"라고 설명했다.

이들이 유포한 비방과 루머 때문에 남연갤 내부뿐 아니라 다른 팬 커뮤니티 간의 고소·고발 시비가 이어졌다. 실제로 갤러리 내부에서 싸움이 붙거나 연예인 대상의 비방이 이루어질 때 이를 두고 '싸패갤(싸이코패스+갤러리 혹은 싸우고 패는 갤러리)'이 열렸다'라고 부른다. 그리고 아이돌을 비방하는 데 동원되는 화력을 '싸패력'이라고 부른다.

이 같은 상호 비존중의 문화는 일상적인 말투에도 퍼졌다. 가령 남연갤 내부의 팬들은 서로를 '~애미' '~줌'[17]이라는 비하 발언으로 부른다. 커뮤니티 바깥에서 다른 연예인의 팬 활동을 하는 사람들을 '타퀴(타 커뮤니티 혹은 타 연예인+바퀴벌레)'라고 부르며, 여자 아이돌의 여성 팬을 '시녀'라고도 부른다. 또한 네이트 판의

17 　자신이 좋아하는 남성 아이돌의 엄마 노릇이나 주책맞은 아줌마 역할을 일삼는다는 데서 붙여진 비하 용어.

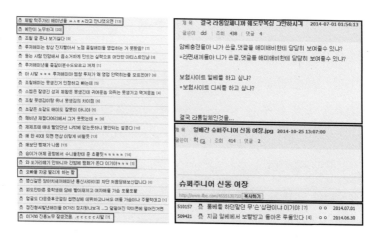

2014년 7월에서 11월 사이에 있었던 남연갤 커뮤니티의 일상적인 일베 말투와 어그로·패드립 문화(왼쪽). 남연갤 유저들이 일베를 이용하고 있었던 정황(오른쪽).

유저들을 '판창년'이라고 부른다든가 다른 여초 커뮤니티를 '봇초(보지+초)' 커뮤니티라고 비하하는 등 비하 발언이 그들 언어생활의 대부분을 차지하고 있다.

한편 그들이 다른 여초 커뮤니티를 혐오했던 이유 중 하나는 그들이 '가식적'이라고 생각했기 때문이다. 이것은 일베 유저들이 오늘의유머 유저들을 혐오하는 것과 정확히 똑같은 이유다. 이와 관련해서 한 제보자는 "여성시대와 같은 여초 사이트의 폐쇄적이고 억압적인 분위기, 맹목적인 연예인 찬양, 좌파 정치인 찬양을 싫어한다"라고 필자에게 설명했다. 실제로 한 남연갤 유저는 "여초 씹×들은 선동질 개쩔고 씹선비×이 존나 깨끗한 척 개쩔어ㅋ"라고 원색적으로 비난한다.

각종 비하 발언 외에도 남연갤에서는 '외모지상주의'와 '성적 대상화'가 일상 대화의 코드였다. 예를 들어 외모가 마음에 들지 않는 특정 연예인을 좋아하는 팬들에 대해 "눈에 딜도를 꽂았다"라는 식의 원색적인 욕설이 쏟아지는 것은 흔한 일이었다. 또한 남자 아이돌들끼리 포옹을 하는 일상적인 사진에 대해 한 유저는 "미친 ×들 오×× 고추 탐내는 것 좀 봐ㄷㄷㄷ 바× 고추는 ×× 꺼니까 다 꺼져"라는 농담을 올리고 있다. 한 유저는 "면갤 제일 재미있을 땐 쏘갈 섹드립갤 열릴 때"라고 말하고 있다. '쏘갈'이란 EXO의 은어로, 이 같은 남자연예인 대상의 성적 농담이 일상적인 즐거움 중 하나였다.

한편 이 같은 성적 대상화와 외모지상주의는 싫어하는 남자 아이돌과 연예인에 대한 비하로 이어졌다. 즉 어리고 잘생긴 남자 아이돌을 좋아하는 마음은 외모가 마음에 들지 않는 아이돌·연예인, 나아가 일반인에 대한 혐오감으로 전이되었다. 물론 이것은 남초 커뮤니티 유저들이 여자연예인 대상으로 섹드립을 치고 일반 여성을 대상으로 외모 비하를 일삼는 것과 별반 다르지 않다.

요약하자면 남연갤은 ①정치 혐오, ②여초 커뮤니티에 대한 혐오와 분란 일으키기, ③아이돌에 대한 음담패설 및 외모 비하, ④어그로와 패드립으로 점철된 일베 말투가 다양하게 공존하는 공간이었다. 그렇다면 도대체 남연갤 유저는 어떤 부분에서 자신들의 커뮤니티에 매력을 느꼈던 것일까?

제 목 여초 씹녀들은 씹선비질 하는게 레알 존같아 🖻
글쓴이 ○○ | 조회 251 | 댓글 3

선동질 개찔고 씹선비녀들이 존나 깨끗한척 개펼어
물론 악개녀들도 잇고 그렇지만
걍 아이돌 일 떠나서도 존나 ㅡㅡㅡㅡㅡㅡ

제 목 면갤 제일 재밌을땐 쏘갈썩드립갤 열릴때 🖻
글쓴이 ○○ | 조회 58 | 댓글 1

다른데서 못하는데 여기선 더러운말 존나함

제 목 약촌애미 씹녀들 눈깔에 돌도 4개 쳐박은 년들 🖻
글쓴이 ○○ | 조회 148 | 댓글 0

노무 노무 싫노 씨발

제 목 현실에서 이리 치이고 저리 치이다가 도망온 라면갤에 🖻
글쓴이 ○○ | 조회 244 | 댓글 1

상주하면서 현실에서 치인 얘기,상처받은 얘기들로 억울함 풀다가
아이돌 패면서 현실이랑은 다른 느낌에 히히덕거리는 정신병자 언니
탈갤 좀해 여긴 가상공간이지 언니의 제2의 인생 공간이 아니ㅡㅋㅋ

🔥 누구풀 까는게 고소 가능하다 치자ㅋㅋㅋㅋㅋㅋ근데 그거 끝나면 니새끼 [7]	2014.07.11	422	10
🔥 하루한번 라면갤폐쇄소취 [2]	2014.07.11	86	12
🔥 솔직히 여기서 안까이는 새끼있어? [4]	2014.07.11	290	15
🔥 여기는 고발장 다 날라가도 그 고발장 누가 찔 많이받앗는지로 싸움나겟지	2014.07.11	193	15
🔥 여기 캡쳐하러오는 사람이 얼마나 많은데 ㅋㅋ [3]	2014.07.11	230	14
🔥 힙좀과 라면갤 관계 정리.txt [7]	2014.07.11	691	27
🔥 한번사는인생 일파리처럼 [1]	2014.07.11	148	11
🔥 투둘이랑 그 검찰친구년들먼저 잡혔으면 좋겠다 [3]	2014.07.11	235	13
🔥 여기서 쏘갈 까봤자 손해보는건 본인임 [1]	2014.07.11	141	11

남연갤 내부의 일상적인 패드립·어그로 말투와 고소·고발 시비.

남연갤은 다양한 유저들이 유입되어 혼재하는 공간이었다.
다른 여초 커뮤니티에서 유입되어서 눈팅(구경)만 하고 가는 유저
가 있는가 하면, 남들이 무슨 주제로 싸우건 간에 개의치 않고 자
기 일상 이야기와 잡담을 '썰'로 푸는 유저들도 있었다. 또한 여초
커뮤니티에서 흔히 그렇듯이 일상의 화제에 대해서는 서로 '부등
부등' 하는 모습이 연출되는 등 남연갤 역시 다른 디시 갤러리나
일베만큼 여러 가지 모순적인 면이 공존하는 공간이었다. 마치 일
베라고 해서 허구한 날 혐오 자료만 올라오는 것이 아니듯 말이다.

한편 '공감'이 유저들 간에 가장 중요한 요소였다. 그렇기
때문에 '패드립'과 타인에 대한 '욕설'도 공감의 매개체가 될 수
있다면 개의치 않는 식이었다. 한 남연갤 유저는 남연갤의 특징을

다음과 같이 꼬집는다.

"현실에서 이리 치이고 저리 치이다가 도망온 라면갤에 상주하면서 현실에서 치인 얘기, 상처받은 얘기들로 억울함 풀다가 아이돌 패면서 현실이랑은 다른 느낌에 히히덕거리는 정신병자 언니들 탈갤(갤러리 탈출) 좀 해 여긴 가상공간이지 언니들 제2의 인생 공간이 아니긔ㅋㅋ."

사실 이것이 유저들 스스로 한심하다고 생각하면서도 정작 탈출할 수 없는 남연갤 전반의 중독성 있는 문화에 대한 자조적인 인식에 가까워 보인다. `

메르스 신화는 없다

남연갤이 일베식 혐오 발언에 관대했던 만큼 그곳에는 남성 비하 발언뿐 아니라 여성 비하 발언도 일상적으로 공존했다. 가령 남연갤 내부에서 여성을 '봇이'라고 부르고 남성을 '잦이'라고 부르는 식의 언어 사용은 딱히 미러링 같은 대의명분을 의식한 것이 아니었다. 또한 '김치남' '실잦' '상폐남' 같은 남성 비하 발언은 2015년 5월부터 시작된 메르스 사태 이전에도 남연갤에서 사용되고 있었다. 물론 이는 일부 연예인과 일반인 남성에 대한 '외모 비하'와 맞물려 있었다. 자신이 동경하는 연예인에 대한 숭배는 현실의 비루하고 못생긴 일반 남성에 대한 혐오로 전이되었다. 문제는 이 같은 비하 발언에 언제부터 '화력'이 실리기 시작했느냐는 것이다. 인터넷 커뮤니티에서 유행어를 만드는 데 화력이라는 것은 매우 중요한 요소다. 특히 남연갤은 다른 여초 커뮤니티와 신설 갤러리에 가서 (일베가 그랬듯) 아이돌·연예인을 놀리는 별명이나 루머를 유포시키는 것으로 악명이 높았다. 남연갤은 이와 같은 '화력 과시'에 익숙했던 곳이다.

2015년 5월 29일 디시인사이드에 '메르스갤러리'가 만들어지기 이전에, 남연갤에서 남성혐오 여론이 고조되기 시작한 것은 2015년 5월 26일에 있었던 이른바 '강된장남' 사건이었다. 국내 야구갤러리와 주식갤러리 등 남초 갤러리에서는 서른을 넘은 미혼 여성을 상장폐지된 주식에 비유한 '상폐녀'라는 말이 유행하고 있었다. 이 용어가 처음 등장한 시기는 2014년이다. 상폐녀란 나이 든 미혼 여성이 결혼·연애 시장에서 매력을 잃어서 상장폐지 당한 주식상품 취급을 당한다는 경멸적인 의미를 품고 있다. 한편 '서른이 넘은 남성은 (연식이 높을수록 가치 있는) 와인이다'와 같은 말이 남초 내부에서 공유되고 있었다.

남연갤 유저의 관점에서는 아이돌 '와꾸'의 반의반도 못 미치는, 현실의 머리 벗겨지고 배 나온 아저씨들이 저런 소리를 한다고 상상하면 화가 날 수밖에 없었을 것이다. 또한 '개념녀'와 '김치녀'라는 여성에 대한 이분법적인 평가에 대해서도 남연갤 유저들은 불만을 갖고 있었다.

이러한 전반적인 불만에 불을 지핀 것은 남연갤에 유입된

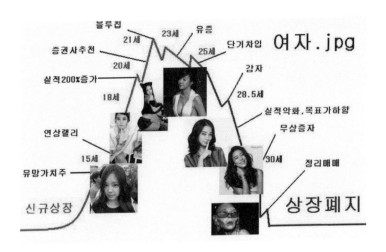

블루칩
21세
증권사 추천 23세 유증
20세 25세 단기차입 여자.jpg
실적200%증가
18세 감자
28.5세
실적악화, 목표가하향
연상갤리 무상증자
15세 30세 정리매매
유망가치주
신규상장 상장폐지

2015년 주식갤러리에 올라온 여성 비하 자료.

34세 과장급으로 자기 소개를 한 남성이 같은 회사의 21세 여직원에게 고백을 해도 괜찮을지 상담하는 글을 올린 사건이었다. 그렇지 않아도 외부에서 유입된 유저들과 나이 들고 추레한 남성을 싫어하는 커뮤니티 유저들의 심기를 건드린 해당 인물은 이후 자신의 연봉과 능력(20만 원짜리 아이스크림 선물)을 과시하며 자신이 고백할 여성이 "제 애 낳고 저한테 지조지키며 저만 바라보며 살 듯하네요"라고 어그로를 끌었다. 이 남성은 이후 남연갤 내에서 '강된장남'의 표본으로 낙인찍혔다. 강된장남이란 (능력 없고 허영심만 많은) '된장녀'라는 여성 비하 용어를 남성에게 적용시킨 용어다. 후일 이 용어는 남연갤 유저들의 잠재의식 속에 잠복해 있다가 메르스갤러리를 점령하면서, 나중에 공중파에 등장할 정도로 대유

나 34살인데... 20살 여자애한테 고백하는거 욕심일까?　추천 0 비추천 3 조회 125
61.77.**.** 2015.05.26 01:34

난 34살이고 남자인데 내년에 과장되고...
20살짜리 우리회사 텔러가 너무 마음에 들어서...
고백하려고 하는데,,,, 좀 욕심인가요?
여기 여성분들 많으니 좀 여쭤봅니다....

님한테 깔리기 싫어서 호빠가서 어린 놈이랑 놀 듯
○○ | 211.36.**.** 2015.05.26 01:42

직장동료로 예의상 잘해주는거에 님이착각하고 혼자 꼴렸나본데 성희롱으로 고소미안먹게 조심하세요ㅜ
○○ | 223.62.**.** 2015.05.26 01:43

저한테 지조지키며 저만 바라보며 살듯하네요 제 애 낳고
글쓴이 | 61.77.**.** 2015.05.26 01:43

왜 이제 고백하냐고 감동의 도가니될듯 20만원짜리 아이크림 준비했어요
글쓴이 | 61.77.**.** 2015.05.26 01:44

무서워ㄷㄷ 글쓴이 서세원 아닐까
○○ | 211.36.**.** 2015.05.26 01:44

어이없네 질투하시네 다들..ㅎㅎㅎ
글쓴이 | 61.77.**.** 2015.05.26 01:44

남자건 여자건 어린게 최고임 주위에 널린게 젊은자 지인데 늙은아저씨가 고백하면 겁먹고 일그만둔다
○○ | 223.62.**.** 2015.05.26 01:45

350 벌어요... 생활비로 150정도 줄 생각인데 결혼하면.
글쓴이 | 61.77.**.** 2015.05.26 01:39

걔눈에 님은 그저 좆도안꼴리는 삼촌잉
○○ | 223.62.**.** 2015.05.26 01:41

걔 그럼 니가 벌어서 준 돈으로 호빠간다 ㅇㅇ
○○ | 211.36.**.** 2015.05.26 01:41

님이 어찌알죠? 이미 저한테 호감있음
글쓴이 | 61.77.**.** 2015.05.26 01:41

저 정력 세거든요
글쓴이 | 61.77.**.** 2015.05.26 01:42

결혼 할 생각이면 더더욱...여자들 6살만 차이나도 세대차 극복 못하겠다고 후회하는데
○○ | 211.36.**.** 2015.05.26 01:42

님한테 깔리기 싫어서 호빠가서 어린 놈이랑 놀 듯
○○ | 211.36.**.** 2015.05.26 01:42

직장동료로 예의상 잘해주는거에 님이착각하고 혼자 꼴렸나본데 성희롱으로 고소미안먹게 조심하세요ㅜ
○○ | 223.62.**.** 2015.05.26 01:43

저한테 지조지키며 저만 바라보며 살듯하네요 제 애 낳고

강된장남 사건의 어그로 글과 갤러리 내부에서 일어난 논란.

행을 하기 시작한다.

　이 강된장남 사건은 다른 여초 커뮤니티에서 일베에 대한 혐오감을 갖게 된 경위와 많은 유사성을 보인다. 상당수 여초 커뮤니티 유저들은 일베 유저들이 자신들 내부의 게시물을 유출해서 조롱의 대상으로 삼거나 커뮤니티 내부에서 분란을 일으키는 행위에 치를 떨며 일베를 싫어하게 되었다. 평소 노무현에 대한 고인 능욕과 일베 말투를 즐긴 남연갤 유저들조차도 자기 커뮤니티에서 어그로를 끄는 저 30대 유입 남성 유저를 참을 수 없었던 것이다.

한편 《경향신문》의 '향이네'는 이 '강된장남' 사건이 이후 남연갤 유저들의 메르스갤러리 점령 사건으로 이어졌다고 설명한다.[18] 하지만 이것은 고의든 실수든 중간 과정을 누락한 설명이다. 강된장남 사건도 메르스 사태가 없었다면 아마 한 커뮤니티 내의 유행어로 그치고 말았을 것이다. 이 인터넷 용어는 일개 커뮤니티 내부의 일상적 '남혐 물타기'[19]로 그쳤을 것이다.

메갈리아에서 주장하는 건국신화에 따르면, 메르스갤러리의 미러링은 홍콩에서 격리수용을 거부했다고 알려진 두 한국인 여성에 대한 여성혐오 발언에 대항하면서 시작되었다고 한다. 그러나 실제로는 메르스갤러리가 만들어지기 이전에도 이미 남연갤 내부에서는 메르스 사태로 인한 남혐 물타기가 유행병처럼 진행되고 있었다.

5월 29일 오전에 한국에서 본격적인 메르스 확산이 우려된다는 소식이 전해지자 남연갤은 여타 커뮤니티와 비슷하게 패닉 상태에 빠져 있었다. 여기에 기름을 끼얹은 것이 카타르에서 귀국한 최초의 감염자가 남성이었다는 사실과 고열 증세로 입원한 다른 남성이 의료진의 권고를 무시하고 중국으로 출국했다는 사실을 전한 두 개의 뉴스 보도였다. 이 소식은 비록 강된장남 사건과 별 관련이

18 〈페미니즘이 뭐길래〉 1회 〈메갈리아의 '거울'이 진짜로 비추는 것〉, http://h2.khan. co.kr/201511231055211
19 본래 뜻은 '무언가에 물을 타다'로 '희석하다' '본질을 흐리다'라는 의미이나, 인터넷 상에서는 '물 위에 타다'로 의미가 오해되어 '여론몰이'의 뜻으로 자주 쓰인다.

없었지만, 갤러리 내부에 만연한 패닉 정서와 화학반응을 일으키며 며칠간 잠복해 있던 남성혐오에 다시 불을 지피기 시작했다.

"하여간 김치할배 중동 다녀온 건 왜 숨겨"[20]라는 발언에서부터 출발해서 발언의 강도는 점점 격화된다. "최초 감염자 김치남 그냥 빨리 뒈져버렸으면"[21]이라는 글 다음으로 "68살 먹었으면 얌전히 집에서 화초나 기를 것이지 왜 싸돌아다니면서 민폐야"[22]와 같은 글이 올라오며 최초의 감염자를 비난했다. "최초 감염자 이 새끼 사형시켜야 되는 거 아님?"[23]이라는 극언도 있었다. 의료진의 여행 자제 권고에도 해외출장을 나간 남성에 대해서도 "김치남은 그저 입만 열면 거짓말ㄷㄷㄷ 김치남은 삼초에 한 번씩 패야 됨"[24] "홍콩 간 김치남 엠창 돌았네"[25] 등등 무수히 많은 비난이 쏟아졌다.

위 발언들은 모두 2015년 5월 29일 오전 11시에서 오후 1시 사이에 나온 것들이다. 한편 디시인사이드에 메르스갤러리가 생성된 시각은 같은 날 오후 6시다. 홍콩에 여행을 간 한국인 여성들의 격리수용 거부 뉴스가 인터넷 포털사이트와 각종 커뮤니티에 알려진 시점은 다음 날인 5월 30일이다.[26]

20   http://gall.dcinside.com/board/view/?id=m_entertainer&no=1541362
21   http://gall.dcinside.com/board/view/?id=m_entertainer&no=1541596
22   http://gall.dcinside.com/board/view/?id=m_entertainer&no=1541585
23   http://gall.dcinside.com/board/view/?id=m_entertainer&no=1541563
24   http://gall.dcinside.com/board/view/?id=m_entertainer&no=1541579
25   http://gall.dcinside.com/board/view/?id=m_entertainer&no=1541565
26   http://www.ytn.co.kr/_ln/0104_201505301425160955

많은 이들이 증언하듯이, 실제로 메르스갤러리에 최초로 올라온 혐오 발언은 여성혐오가 아닌 남성혐오 글이었다. 메르스갤러리가 생성된 초기에는 대부분 '이런 갤러리를 왜 만들어'라며 어이없다는 반응이었다. 여혐이든 남혐이든 젠더 혐오 발언은 없었다.

메르스갤러리에 최초로 올라온 젠더 혐오 발언은 익명의 유저가 쓴 "김치남 새×는 뒤져야 한다 전염병 몰고 온 김치남 새×"[27]라는 글로 18시 13분에 작성되었다. 한편 불과 1분 전인 18시 12분에 남연갤에는 "라며니(남연갤 유저)들아 메르스갤 가서 김치남 까자 전염병 시발점은 68 할애비"[28]라는 글이 올라왔다. 여기서 '68 할애비'란 최초의 감염자로 알려진 카타르에서 귀국한 68세 남성을 의미한다. 둘 다 175.223으로 시작하는 동일 KT 통신사 IP 주소를 사용하는 익명의 유저가 올린 글로, 비교적 흔한 IP 주소이지만 시간상 동일인이 올렸을 가능성이 높다. 뒤이어 메르스갤러리는 "김치남 aut" "늙었음 곱게 뒤질 일이지 병원 네 군데 들려서 여러 사람 골로 보내는 김치남" 등의 혐오 발언으로 도배되고 있다. 메르스에 대한 공포심이 걷잡을 수 없는 혐오 발언의 유행병으로 확산된 것이다.

지금까지의 퍼즐을 짜 맞추면 이야기는 이렇게 된다. 홍콩의 격리거부 여성 소식이 알려진 5월 30일 하루 전날부터 남연갤

27   http://gall.dcinside.com/board/view/?id=disease&no=48
28   http://gall.dcinside.com/board/view/?id=m_entertainer&no=1543358

- 최초 감염자 김치남 그냥 빨리 뒈져버렸으면ㅇㅇ
- 1541594 감염자랑 다른 층에 있는 애도 걸렸다고? ㅡㅡ;;;;
- 1541592 감염 병원 어느 지역이야? 전북?
- 1541591 기침나와 가래가 끓어 어떡해 [2]
- 1541589 지금 공항가면 위험함? [1]
- 1541588 라며니들은 죽을뻔한적 없음?ㅋㅋ [2]
- 1541587 무섭다 걸린 사람 셋 중에 하나 죽는다 치면
- 1541586 땡큐나 기사내줬으면 [2]
- 1541585 68살 먹었으면 얌전히 집에나 화초나 기를것이지 왜 싸돌아다니면서 민폐야 [2]
- 1541584 아직 께바리들이랑 손도 한번 못잡아봤는데 뒈질순없어 ㅠ [2]
- 1541583 아 담달에 어학연순데...하려간 뭘 하려하면 이러케 되부리노... [2]
- 1541582 병걸렸으면 다붙고 빨리 나을생각해야지 사우디간거 숨긴거 쫓병신같네 [1]
- 1541581 담달에 쪽국가는데 [1]
- 1541580 죽고싶다 어쩐다해도 막상 죽을때되면 존나 살고싶을것같음 [1]
- 1541579 김치남들은 그저 입만 열면 거짓말 ㄷㄷㄷㄷ [1]
- 1541578 쏘가리들 음원두 3일날 나오는고야??
- 1541577 이번에도 사스때처럼 김치방패드립치면 웃기겠네 ㅋㅋㅋㅋㅋ [1]
- 1541575 슈신씻
- 1541574 아존나무섭다 기관삽관이면 자력으로숨을 못쉰단거잖아 ㅠㅠ [2]
- 1541572 메르스 그냥 잘씻고 잘먹기만 하면 안걸리는거 아니녀 [3]
- 1541571 여의도 증권사들도 몰려있잖아
- 1541570 아씨발 개꿀ㅋㅋㅋㅋㅋㅋㅋㅋㅋ [3]
- 1541569 어학연수 가는데,, 사우디애를 많을텐데,,
- 1541566 머갈파니 인스타 외쿼늬 소름 [6]
- 1541565 홍콩간 김치남 엠창 돌았네
- 1541563 최초감염자 이새끼 사형시켜야 되는거 아님?? [3]

남자 연예인 갤러리

제 목 **김치남척결 언냐 야갤 가서 어그로 좀 끌어봐** 2015-05-29 11:55:52
글쓴이 | ㅇㅇ | 조회 102 | 댓글 2   112.169.*.*

김치남 좀 패줘

제 목 **통삐같이 남성혐오 사이트도 있었으면 좋겠긔** 2015-05-29 11:55:20
글쓴이 [   ] | 조회 111 | 댓글 1

모아놓으면 자료 어마어마할듯 ㅋ 못생긴 김치 강퇸장남들 척결 ㅋㅋ

5월 29일 남연갤에서 있었던 최초의 메르스 관련 남혐 글(위)과 남혐 물타
기를 다른 갤러리에도 전파하자는 최초의 선동글들(아래).

에서는 최초의 감염자와 감염 증상에도 불구하고 해외출장을 간 남성을 비난하는 여론이 유행하고 있었다. 평소 마음에 안 드는 남자 아이돌과 연예인이 있으면 다른 갤러리로 원정을 가서 분탕질을 치고 어그로를 끄는 것이 생활화되어 있던 남연갤 유저들은, 이때 남성혐오 게시글을 도배할 수 있는 신설 갤러리를 간절히 바라고 있었던 상황이다.

남연갤 내에서 혐오 발언 물타기가 시작될 때 으레 그렇듯이, 다른 커뮤니티에 대한 화력 과시 제안이 이어졌다. 같은 날인 5월 29일 한 남연갤 유저는 "통베(일베) 같이 남성혐오 사이트도 있었으면 좋겠긔"[29]라고 제안했으며, 다른 유저는 이에 장단을 맞추듯 "김치남 척결 언냐 야갤 가서 어그로 한번 끌어봐"[30]라는 글을 올렸다. 그런데 때마침 생겨난 메르스갤러리는 그들에게 안성맞춤의 먹잇감이 되었다. 메르스갤러리가 생겨난 이후 한 유저는 "좆혐(자지혐오) 커뮤 얘기 나오더니 메르스갤 파짐 저기서 김치남 패면되긔"[31]라며 즐거워하고 있다.

이후 남연갤 유저들은 남성혐오 글로 도배되기 시작한 메르스갤러리를 실시간 중계하며 자신들의 거사(?)가 성공한 것에 대해 회심의 미소를 짓고 있었다. 한 유저는 "아 시발 지금 강된장

29   http://gall.dcinside.com/board/view/?id=m_entertainer&no=1541529
30   http://gall.dcinside.com/board/view/?id=m_entertainer&no=1541532
31   http://gall.dcinside.com/board/view/?id=m_entertainer&no=1543393

메르스갤러리에 최초로 올라온 남혐 글(아래).
메르스갤러리 점령이 성공한 것에 대한 남연갤
의 자축 분위기(위).

공지		제목	운영자	2016/06/08		
63		최초감염자 ㅅㅂ새기 [5]		2015.05.29	1037	958
61		@@메르스갤러리 첫 메념글 도전 - 전염현황@@ [11]		2015.05.29	2723	68
59		전염병 갤러리니깐 다른 갤러리에 메르스 퍼뜨려야지 얘들아 [21]		2015.05.29	116	0
56		시발 진짜생김 ㅋㅋㅋㅋㅋㅋ [3]		2015.05.29	92	0
54		김치남 aut [8]		2015.05.29	2916	2
51		내가 메르스 보다 더 셉 [5]		2015.05.29	114	1
49		ㅋㅋㅋㅋㅋㅋㅋㅋㅋ [7]		2015.05.29	102	0
48		시발 김치남 새끼는 뒤져야 한다 전염병 몰고 온 김치남 새끼 [26]		2015.05.29	1206	9
47		유무먼줄 알았는데ㅋㅋ [10]		2015.05.29	119	0
46		콸록콸록 메르스 가져가세요 [10]		2015.05.29	122	0
45		메르스 갤 왜만들어 미친ㅋㅋㅋㅋㅋㅋㅋㅋ [5]		2015.05.29	131	0
42		기뮤식 서버 막 쓰네 [7]		2015.05.29	110	0
41		메르스 [10]		2015.05.29	111	0
40		대하키시대가 열릴.것이다. [11]		2015.05.29	92	0
38		윰식이 ㅅㅂ ㅋㅋㅋㅋㅋㅋ [6]		2015.05.29	105	0
37		ㅅㅂ ㄹㅇ이네ㅋㅋㅋㅋㅋㅋㅋㅋ [6]		2015.05.29	81	0
36		별 게 다 생기네 [7]		2015.05.29	83	0
35		뭐 이따위갤을 만들고 지랄ㅋㅋㅋㅋㅋㅋㅋㅋㅋ [10]		2015.05.29	137	1
34		20150529 pm0612 메르스갤 [10]		2015.05.29	101	1
33		시발아밖에나가면안됨 ㅜㅜㅜ? [10]		2015.05.29	101	0
32		히키가 되자 [12]		2015.05.29	102	0
31		ㅋㅋㅋ [15]		2015.05.29	103	0
29		메르스 예방법 및 치료법 [12]		2015.05.29	140	2
28		ㅋㅋㅋㅋㅋㅋㅋ메르스갤 시발ㅋㅋㅋ [10]		2015.05.29	86	0
24		ㅁㅊ 이딴 갤을 왜 만들어 ㅋㅋㅋㅋㅋㅋㅋㅋㅋㅋ [10]		2015.05.29	113	0
21		ㅅㅂㅋㅋㅋㅋㅋㅋㅋ [8]		2015.05.29	97	0
19		ㄷㄷ [7]		2015.05.29	105	0
18		ㅋㅋㅋㅋㅋㅋㅋㅋㅋㅋㅋ [8]		2015.05.29	89	0
17		ㅋㅋㅋㅋㅋㅋㅋㅋㅋㅋㅋㅋ [8]		2015.05.29	108	0
16		ㅋㅋㅋㅋㅋㄹㄹㅋㅋㅋㅋ [7]		2015.05.29	104	0

패고 있어? 존나 재밌겠다"[32]라며 거사가 성공한 것을 자축하고 있다. 이때까지만 해도 미러링이 목적이 아니라 그저 자신들이 혐오하는 특정 남성들을 욕하고 비난하는 재미가 우선이었다는 것을 알 수 있다.

물론 홍콩에 여행을 간 한국 여성들이 격리수용을 거부했다는 뉴스가 전해진 이후 일베를 비롯한 일부 포털 뉴스 댓글란에 여성혐오 발언이 유행하기 시작한 것은 엄연한 사실이다. 일베의 경우에도 5월 30일 저녁에 홍콩 여행 여성들을 거론하며 "김치녀는 국제적으로 민폐 갑이다 이기야" 등 관련 여성혐오 글이 올라온 것을 확인할 수 있다.[33] 그러나 그것은 남연갤 유저들이 메르스갤러리를 점령한 다음 날의 일이다.

격리수용 거부가 의사소통의 오해에서 비롯된 와전된 소식이었다는 반론보도는 메르스갤러리 점령 사건 한참 후인 6월 12일 《허핑턴포스트》를 통해 알려졌다.[34] 또한 일베 내부에서도 메르스갤러리에 대해 "보지 폭동이 일어났다" "댓글들이 가관이다 삼초한 시급하다"라며 자신들도 댓글 도배를 해야 한다는 글이 올라오고 있지만 이것은 이미 남연갤의 메르스갤러리 점령이 완료된 이후인 6월 2일의 일이다.[35]

---

[32]   현재는 지워진 것으로 보이나 캡처 자료를 통해 남아 있다.

[33]   http://www.ilbe.com/5913114653

[34]   〈홍콩, 메르스 격리 거부 한국인 2명 '의사소통 오해'였다〉, 《허핑턴포스트》, 2015.6.12.
        http://www.huffingtonpost.kr/2015/06/01/story_n_7482194.html

[35]   http://www.ilbe.com/5931748017

이처럼 남연갤에서 시작된 남혐 물타기로 여성 유저들이 메르스갤러리를 점령하기 시작한 사건과 홍콩에서 한국 여성들이 격리를 거부했다는 소식은 전혀 별개의 사건이다. 문제는 누가, 언제부터, 무슨 동기로 크게 관련이 없는 저 두 사건을 '미러링'이라는 대의명분으로 관련짓기 시작했느냐는 것이다.

정신분석학을 창시한 프로이트는 '이드id'의 무의식적인 성충동과 공격충동이 이후 '자아ego'와 '초자아super-ego'에 의해 합리화의 과정을 겪는다고 말한다. 메르스갤러리의 남성혐오 발언들도 이 같은 사후적인 정당화·합리화의 과정을 겪었다고 할 수 있다.

보다시피 남연갤은 이미 2014년부터 일베 말투를 즐기고 있었고, 자연스럽게 이를 패러디한 남성혐오 발언(예를 들어 '김치남' '상폐남' 등등)도 사용하고 있었다. 이들이 메르스갤러리를 점령한 것은 그들이 다른 팬 커뮤니티를 점령하면서 특정 아이돌에 대한 비하 발언과 루머를 전파하고 갈등을 일으킨 과정과 다르지 않다. 남연갤 유저들은 이러한 행위를 "아이돌을 쥐팬다"라고 부른다. 남연갤 유저들의 행위는 남자 아이돌을 쥐패는 것에서, 나이든 못생기고 무례한 아저씨를 쥐패는 것, 더 나아가 메르스 전염병을 확산시킨 김치남들을 쥐패는 행위로 옮겨갔다. 그런데 다른 여초 커뮤니티의 유입을 통해 메르스갤러리의 남성혐오 발언에 화력이 가일층 붙으면서 '남성혐오가 아닌 여성혐오에 대한 혐오다'라든지 '그동안 있었던 여성혐오에 대한 미러링이다'라는 대의

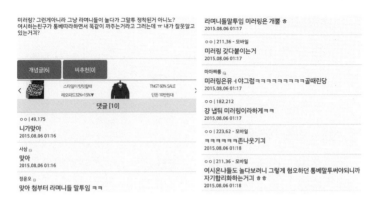

미러링? 그런게아니라 그냥 라며니들이 놀다가 그말투 정착된거 아니노?
여시하는친구가 통베따라하면서 똑같이 까주는거라고 그러는데 ㅠ 내가 잘못알고
있는거고?

라며니들말투임 미러링은 개뿔 ㅎ
2015.08.06 01:17

ㅇㅇ | 211.36 - 모바일
미러링 갖다붙이는거
2015.08.06 01:17

마아짜룽
미러링은뮤 ㅓ야그럼ㅋㅋㅋㅋㅋㅋㅋㅋㅋ골때린당
2015.08.06 01:17

개념글[6]   비추천[0]

스타일이잇찐칠때   TNGT 60% SALE
레오파드32%+19%▼   단돈 10만원대

댓글 [10]

ㅇㅇ | 182.212
강 냅둬 미러링이라하게ㅋㅋ
2015.08.06 01:17

ㅇㅇ | 49.175
니가맞아
2015.08.06 01:16

ㅇㅇ | 223.62 - 모바일
ㅋㅋㅋㅋㅋㅋ존나웃기긔
2015.08.06 01:18

사상
맞아
2015.08.06 01:16

ㅇㅇ | 211.36 - 모바일
여시온나들도 놀다보려니 그렇게 혐오하던 통베말투써야되니까
자기합리화하는거ㅎㅎ
2015.08.06 01:18

정윤오
맞아 첨부터 라며니들 말투임 ㅋㅋ

평소 자신들이 쓰던 '~노' '~이기야'와 혐오 발언을 바깥에서 '미러링'이라는 명분으로 정당화하는 것에 대해 스스로 냉소하는 일부 남연갤 유저들.

명분을 내세우기 시작했다.

　　이것은 아무리 일러도 2015년 6월부터 나타난 담론이다. 인터넷 커뮤니티 문화에 평소 무지했던 외부의 평론가와 언론인들이 이러한 의미 부여에 동조하기 시작하면서 메갈리아의 건국 신화는 공고해졌다.

　　정작 사건의 당사자였던 남연갤의 반응은 어떨까. 남성혐오 발언에 대한 위와 같은 사상적 정당화가 이루어지자 메르스갤러리 점령을 주도해온 남연갤 유저들 상당수는 오히려 "미러링은 개뿔"이라면서 냉소하는 것을 볼 수 있다. 애초에 미러링을 의식하지 않은 채 일베 말투와 혐오 발언을 즐겼고, 메르스갤러리 점령의 목적도 여혐 공론화 따위에 있지 않았다는 사실을 당시의 사건을 기억하는 유저들 스스로가 너무나 잘 알고 있기 때문이다.

서로를 거울에 비추는
일베와 메갈리아

그렇다면 남연갤의 메르스갤러리 점령 사건에서 시작된 남혐 물타기가 어떻게 다른 커뮤니티에 확산되어 오늘날의 메갈리아 신드롬으로까지 이어지게 된 것일까?

여기서 범죄심리학자인 제임스 윌슨과 조지 켈링이 1982년에 발표한 '깨진 유리창 이론'을 참조해볼 만하다. 이 이론의 착상은 다음과 같은 실험에서 출발한다. 자동차 두 대 중 한 대는 보닛만 열어 놓고 다른 한 대는 유리창을 조금 깬 뒤 허름한 골목에 세워둔다. 일주일 뒤 보닛만 열어둔 차는 별다른 변화가 없었지만, 유리창이 깨진 차는 거의 파괴된 상태였다. 비슷한 사례로, 건물의 깨진 유리창을 방치해두면 결국 그 건물은 그래피티로 가득한 우범지대로 변모하게 된다. 이처럼 깨진 유리창 이론이란 사소해 보이는 일탈(경범죄)을 방치해두면 이것이 잘못된 신호를 주어 나중에는 더 큰 범죄(중범죄)로 확대될 수 있다는 범죄심리학 이론이다. 디시인사이드의 운영자 김유식이 일베 이전의 정사갤, 야갤, 코갤, 합필갤 등지에서 혐오 자료를 규제하지 않은 것이 비슷한 효과(일베의 등장)를 가져왔다. 한편 1990년대에 뉴욕 시장으로 재직한 루돌프 줄리아니는 깨진 유리창 이론을 범죄예방 정책에 적용해서 길거리의 그래피티 등에 대한 불관용 원칙으로 일관해 화제가 되었다.

마찬가지로 현재의 메갈리아 신드롬은 메르스 사태 초기에 메르스갤러리를 점령한 남연갤의 일베식 말투와 혐오 발언이 '깨진 유리창'의 효과를 낸 것이라 할 수 있다. 특히 메르스갤러리가 남혐 발언으로 도배되기 시작하면서, (이전부터 웹툰 작가 레바와 개그맨 장동민에 대해 여성혐오 문제 제기를 한) 여성시대와 같은 여초 커뮤니티에서의 유입이 두드러졌다. 여성시대 유저들은 레바와 장동민에 대한 여혐 시비에 '마녀사냥'이라며 반발했던 '무한도전 갤러리(일명 무도갤)' 유저들과 일부 '오늘의유머' 유저들과 싸움을 벌였다. 또한 여성시대 유저들은 그 이후에도 'SLR클럽'이라는 커뮤니티 내부에 음란물을 공유한 사건[36]을 적발당하는 등 다양한 논란을 일으켰다. 이들에게 메르스갤러리는 다른 남초 커뮤니티와의 분쟁 중에 생긴 남혐 정서를 맘껏 발산할 수 있는 최적의 장소였다.

한편 남연갤의 문화와 메르스갤러리 점령 과정을 모르는 여초 커뮤니티 유저들은 '~노' '~이기'라는 말투를 쓰는 메르스갤러리의 남연갤 말투를 신기해하다가 나중에야 이를 '미러링'이라며 합리화했다. 깨진 유리창 이론에서 말하는 것처럼, 쓰레기통이 아닌 곳에 쓰레기가 놓여 있으면 평소 규범을 잘 지키던 시민들도 '이곳은 쓰레기를 버려도 괜찮은 곳'이라며 스스로 납득해버

---

36 일부 남초 커뮤니티에서 일명 '여성시대 대란'이라고 부르는 사건이지만 사건의 경위가 복잡하고 글의 주제와 맞지 않으므로 별도로 소개하지 않는다. 관련 기사 〈'여성시대'의 음란물 창고 된 SLR클럽〉,《파이낸셜투데이》, 2015.05.12. 참조.

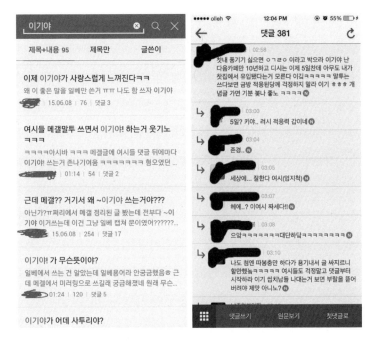

여성시대 유저 사이에서 남연갤이 메르스갤러리에 퍼뜨린 '~노' '~이기야' 식 일베 말투가 긍정적으로 수용된 과정.

리고 쓰레기를 투기하게 되는 것과 마찬가지의 심리다.

한편 이러한 무의식적인 자기합리화와 별개로 '미러링'이라는 사상적 정당화를 주도했던 것은 페이스북에 개설된 '메갈리아' 페이지였다.[37] 이들은 메르스갤러리의 사건을 SNS에 중계하면서 무차별적인 욕설과 비하 발언의 비중을 의도적으로 줄이는 대신, 일부 남성혐오 발언을 소개하며 '여기에는 이러이러한 미러

---

37   https://facebook.com/mersgall, 타인의 명의 도용 시비 등으로 여러 차례 삭제가 반복되어 현재 '메갈리아4'에 이르렀다.

링, 패러디의 의미가 있다'라는 해설을 붙이는 방식으로 메르스갤러리의 언행을 정당화했다. 이들은 메르스갤러리에 대한 긍정적 해석을 덧붙이고 '오늘의유머'와 디시인사이드 '무한도전갤러리' 등에 상주하는 남녀 비판론자들의 관점을 반박하는 등 본격적인 사상적 격투를 시작했다. 이 페이지에 자주 등장한 '치남이' '낙튀충' '삼초한' 같은 네티즌 상대의 비하 발언도 여성을 '김치녀' '낙태충'으로 비하하는 남성에 대한 패러디라며 정당화되었다.

이처럼 메갈리아 페이지는 메르스갤러리의 남성 비하 발언이 여성혐오에 대한 패러디, 미러링이었다는 (사실과 다른) 신화를 적극 홍보했다. 따라서 '미러링'이라는 명분은 메르스갤러리보다는 애초에 메갈리아 페이지에서 발명되었다고 해도 좋다. 메르스갤러리가 공격충동 및 성충동을 발산하는 이드라면, 메갈리아 페이지는 이에 '사후적'인 정당화를 부여한 자아와 초자아였던 셈이다. 또는 대외홍보 부서와 같은 역할이었다. 이 같은 사후적 합리화는 SNS와 언론에서 파급력이 있었다. 상당수 언론과 평론가들은 커뮤니티의 실상을 제대로 '눈팅'하지 않은 채 그 논리를 그대로 받아 적었다.

한편 페이스북 페이지 '메갈리아'는 이후 여러 네티즌들과 욕설을 동반한 논쟁에 휘말렸고 여러 차례 페이지가 차단되는 진통을 겪다가, 현재 '메갈리아4'라는 페이지로 이어졌다. 메갈리아 4 페이지는 현재까지도 자신의 페이지가 폐쇄된 사건을 '여혐 기업'인 페이스북코리아의 탄압이라고 규정하며 관련 소송 기금을

메갈리아님이 새로운 사진을 추가했습니다.
6월 6일 오후 10:44 · 수정됨 · 🌐

낙태충이라고 하는 치남아
오늘 너네 엄마한테 가서 그 소리 해봐라 누나잡아먹고 태어난 낙튀충 치남이

낙태충의 오늘의 상식 : 여자는 자궁에서 정자를 생성해 혼자
임신한다
○○ 2015.06.06 22:23   211.172.**.**
조회 64 댓글 3   ✚크게

지들 쓸모없음 인증

☆ 〉13   ✕ 0   ⬈

아디다스레이스   뉴발티셔츠
한정템 긴급입고   1만원대

▤ 목록보기   ✏ 글쓰기   🗑 삭제

메갈리아 페이지의 한 게시글. 낙태의 책임을 여성에게 전가하는 남성을 '낙튀충'이라고 비난하고 있다. 글 중의 '누나 잡아먹고 태어난'이란 1990년대까지 있었던 여아 낙태로 인한 성비 불균형을 꼬집는 말이다.

모금하고 있지만 그 근거는 희박하다. 페이지가 여러 차례 차단된 이유는 관리자가 스스로 인정했듯이 계정을 생성하는 과정에서 지인의 명의를 도용했기 때문이다. 따라서 페이지의 삭제는 페이스북의 평소 본인 명의 정책에 따른 것일 뿐 딱히 여성혐오와 관련이 없다.

　　이처럼 초창기의 '메르스갤러리 점령 사건'과 그 이후에 여성주의의 이념적 색채가 사후적으로 강화된 '메갈리아 신드롬' 사이에는 일정한 간극이 있다. 본래는 별 다른 목적의식 없이 메르스에 대한 심리적 공포에서부터 평소에 쌓인 남성혐오 정서까지

다양한 정서적 동기로 행해졌던 혐오 발언이 그동안 인터넷에 만연했던 여성혐오 발언과 열악한 여성 지위를 이유 삼아 '나는 너를 혐오할 권리가 있다'라는 사상적 정당화로 나아간 것이다. 그런데 실은 이러한 미러링의 논리는 일베에서 먼저 시작된 것이다.

일베의 사상을 한마디로 요약하자면 '나는 너를 혐오할 권리가 있다'《일베의 사상》[38]라는 것이다. 즉 혐오 발언을 일종의 권리의 문제로 생각하는 것이다. 그것을 권리의 문제로 생각하는 이유는 물론 표현의 자유라는 명분도 있겠지만, 그보다는 과거에 행해진 상대편의 혐오 발언과 이중 잣대를 빌미 삼는 태도가 더 결정적이다. 특히 일베 유저들은 노무현과 김대중 전 대통령에 대한 고인드립(고인의 죽음을 비하하는 발언)에 대해 문제 제기를 받으면 '당신들도 집회에서 쥐명박, 닭근혜라는 비하 발언을 하지 않느냐?'라는 반문으로 일관한다. 이러한 앙갚음의 논리야말로 혐오 발언을 정당화하는 것이다.

가령 일베의 형성에 기여한 디시 갤러리 중에서 보수적 색채의 역사가 가장 오래된 정치사회갤러리는 2008년의 촛불시위가 사그라든 직후 보수 반동화를 극심하게 겪었다. 이때 "암 그라제잉, 내가 쥐명박/닭근혜를 놀리는 건 착한 민주주의. 놈현이라 부르는 건 민주주의 탄압이랑께. 쥐명박 AUT!"과 같은 촛불시위대의 이중 잣대를 꼬집는 패러디, 미러링 발언이 행해졌다. 이 정

---

38   박가분,《일베의 사상》, 오월의봄, 2013.

치 혐오의 미러링이 나중에 디시인사이드의 여러 갤러리에서 유머 코드로 받아들여지자 이것이 이후 지역 비하, 여성 비하와 접목되어 오늘날의 일베로 이어졌다.

이처럼 미러링을 빙자한 혐오 발언이 현재 인터넷을 점령하게 된 데에는 여러 배경이 있다.

첫째, 인터넷은 정보통신기술이 발전할수록 과거의 자료를 집적하는 '데이터베이스'의 특성을 띠게 된다. 게시판과 SNS를 조금만 검색하면 상대 진영의 과거 행적에서 얼마든지 표리부동을 찾아낼 수 있다. 과거의 행적을 통해(신상털기) 상대의 말투를 악의적으로 비꼬고 상대의 모순을 꼬집는 형태(저격)로 자신의 혐오 발언을 정당화하는 방식이 바로 2012년부터 본격적으로 유행하기 시작한 일베식 혐오 발언의 원조다.

둘째, 인터넷의 이러한 저격과 신상털기 문화는 다른 측면에서는 타인의 사상의 모순을 꼬집고 비웃는 것을 일종의 '스포츠'처럼 즐긴 진보적 논객 문화의 반영이기도 하다. (과거 계간지 《인물과 사상》을 보라.)

셋째, 국가 폭력에 대한 '대항폭력'이라는 명분 아래 방약무인한 행동을 관용했던 진보 진영의 관행도 한몫을 했다. 상대편 정치집단과 지지자 전체를 싸잡아 비난하는 언행이 진보 진영에서도 빈번했는데, 이때부터 민주주의와 공론장은 토론과 대화가 아닌 화력 과시의 장으로 변질되었다.

나는 이 모두가 일베라는 미러링 형식의 혐오 발언의 자양

분이 되었다고 생각한다. 그런 점에서 전작《일베의 사상》에서 나는 일베의 사상을 '나는 너를 혐오할 권리가 있다'라는 것으로 규정한 후, '일베란 일상에서 타인을 설득할 힘을 잃어버린 촛불시민(진보 논객)의 거울쌍'이라는 주장을 제시했다. 물론 이 주장은 많은 반론의 대상이 되었다. 하지만 이것은 이 책의 논점을 벗어나므로, 나는 그 주장(일베와 촛불시위는 거울쌍이다)에 대해 더 자세히 논의하지는 않을 것이다. 그러나 메갈리아야말로 일베의 거울쌍이라는 주장에는 논란의 여지가 없을 것이다. 유사성은 단지 메갈리아가 일베의 언어를 자발적으로 미러링한 것에만 그치지 않는다.

예를 들어 메갈리아의 한 유저는 "맘충은 써도 되지만 시애미충은 안 되죠?"[39]라는 글에서 "시애미충 단어에는 부랄발광을 하네ㅋㅋㅋ 치남이들 이중좆대 보소. 니들이 말하는 시애미충을 쓰면 안 되는 이유. 그거랑 같은 이유로 맘충도 쓰면 안 되는 거다"라고 말하고 있다. 시애미충이란 시어머니에 대한 비하 발언이다. 이것은 인터넷에서 만연했던 '맘충'(자기중심적인 아이를 길러냈다며 젊은 어머니들을 비하하는 발언)의 패러디라는 것이다. 하지만 저 유저가 정말로 하려는 말은 그것이 같은 비하 발언이므로 둘 다 쓰면 안 된다가 아니라, 자신은 '시애미충'이라는 말을 앞으로도 열심히 쓰겠다는 것이다. 비슷한 예로 한 일베 유저는 다음과 같은 주장을 펼친다.

39　http://megalian.net/free/196358 추천 332 비추천 0

"야당 까는 정치글 일베 올라가면 틀딱충 빼에엑 '여당 지지자지만, 전라도 싫어하지만, 경상도 사람이지만' 같은 ×같은 거 앞에 하나 달고 존나 말도 안 되는 좌좀논리 펼침. 김머중 노무현 까면 고인 어쩌고저쩌고 일베 수준 드립치다가 그런데 동물 사진 글에는 쥐명박 닭근혜는 필수 코스고. 거의 대부분의 일베글에 다 까끼 탕탕탕 드립."[40]

이 일베 유저도 야당 지지자들이 노인을 비하하고 박정희 암살을 회화화하며 이명박과 박근혜를 동물(쥐명박, 닭근혜)에 비유했기 때문에 나 역시 (김대중, 노무현에 대한) 고인 모독과 지역 비하를 하겠다는 것이다.

이처럼 제각각 남성들의 '이중좆대'와 진보 진영의 '좌좀 논리'(좌빨 좀비들의 논리)를 빌미로 자신의 혐오 발언을 정당화하는 방식에서 일베와 메갈리아는 유사하다. 애초에 메갈리아의 언어가 남연갤의 일베 말투에서 이어진 것이기 때문에 이러한 사상적 유사성에는 이상할 것이 없다. 그들의 언어와 사상은 분리될 수 없다. 이처럼 혐오 발언을 정당화하는 방식에서 메갈리아와 일베야말로 서로의 거울쌍이다. 둘 다 혐오 발언을 '놀이'로 받아들이는 것도 문제지만, 자신이 현재 얼굴도 모르는 사람들에게 퍼붓는 혐오 발언을 과거 얼굴도 모르는 타인의 잘못을 통해 '정당화'하는 것이 더 큰 문제다. 이처럼 혐오 발언을 놀이처럼 즐기고 이를

---

40   일간베스트저장소 짤방 게시판 https://www.ilbe.com/7690262274

과거 타인의 잘못을 빌미로 정당화한다는 점에서 메갈리아를 '여자 일베'라고 부르는 사람들도 있다. 이것이 너무 과격한 표현이라면 메갈리아/워마드 신드롬을 '포스트 일베 신드롬'이라고 고쳐 부를 수 있을 것이다.

메르스갤러리가 메갈리아 페이지를 거쳐 메갈리아 저장소라는 별도의 웹사이트로 독립하게 된 과정도 일베의 탄생 과정과 유사하다. 일베 저장소가 디시인사이드의 각종 갤러리에 유포된 혐오 자료의 데이터베이스를 구축한 데서 출발했듯, 메갈리아 저장소도 2015년 8월경 메르스갤러리의 혐오 자료들을 아카이빙하기 위한 목적으로 탄생했다.

한편 일베와 메갈리아의 차이점도 있다. 일베는 디시인사이드의 여러 갤러리들(야구갤, 스타갤, 축구갤, 코미디갤, 합성필수갤, 정치사회갤 등등)의 유머 자료들을 아카이빙하는 데서 시작되었기 때문에 디시인사이드의 시스템과 유사하게 LOL(리그 오브 레전드)에서부터 연예인 그리고 스포츠 관련 관심사까지 취향·주제 별로 여러 게시판이 생성되어 있다. 이와 달리 메갈리아/워마드는 게시판의 목적이 혐오 발언에 완전히 특화되어 있다.

메갈리아의 경우 대다수 회원들이 실질적으로 글을 올리며 교류하는 '저장소'라는 게시판 모음은 높은 추천 수를 얻은 게시물을 수록한 '베스트', 시간 순서대로 게시물들을 총망라한 '최신글', 남녀 성대결 위주의 기사들이 올라오는 '뉴스/기사', 남성혐오 관련 썰을 공유하는 '메갤문학', 그동안의 남성혐오 발언을 아카이빙하는 '박제박물관', 그 외 제약 없이 자유롭게 글을 쓰는 '자유게시판'이라는 게시판들로 구성되어 있다. 거의 대부분이 남성혐오 관련 콘텐츠를 주제로 삼고 있다. 반면 일베의 경우 '짤방' '정치' '카메라' '인기' '추천' '게임'이라는 6개의 대주제 아래 총 39개의 취미·소주제 별 게시판이 생성되어 있다. 대다수의 게시판들이 그 자체로는 여성혐오라든가 정치 혐오·지역 혐오와 무관한 주제들이다. 메갈리아의 게시판 구성이 상대적으로 단조로운 것은 메르스갤러리 '단독'의 혐오 자료들을 아카이빙한 데서 시작되었기 때문에 비롯하는 차이점으로 보인다.

이처럼 2016년 6월 기준 각각 최대 2~3만 명의 회원을 보유한 메갈리아/워마드는 회원 수 5~10만으로 추정되는 일베에 비해 규모 상으로는 작지만, 게시판의 구성이 상대적으로 단순한 만큼 SNS 등을 매개로 하여 젠더 혐오 발언에 관해서 더 응집력 있는 여론을 결집할 수 있었다. 한편 다른 취미나 관심사를 제쳐둔 채 혐오 발언과 성대결에 전적으로 '몰입'하는 메갈리아/워마드의 특징은 여성시대나 소울드레서와 같은 보통의 여초 커뮤니티와도 다르다. 이들 여초 커뮤니티들은 '시사게시판(예를 들어 여시뉴스데스크)'에 남녀 대결 주제의 뉴스를 퍼오고 메갈리아의 남혐 언어를 따라하지만, '자유게시판(예를 들어 자유게c8)' 같은 다른 곳에서는 다수가 연애, 취업, 학업 등 일상 화제를 놓고 평범한 말투를 사용하기도 한다.

메르스 사태 전후의 사건사고를 다시 정리해보면 다음과

같은 흐름이 눈에 들어온다. 우선 2014년부터 각종 혐오 발언과 일베 문화를 공유하고 있었던 여초 커뮤니티 '남자연예인갤러리'가 있었다. 이들이 2015년 5월 말 '강된장남 사건'에 뒤이은 '메르스 사태'를 계기로 '메르스갤러리'를 점령하면서 남성혐오 발언이 대유행을 하기 시작했다. 남초 커뮤니티와 갈등을 겪은 일부 여초 커뮤니티들이 이 유행에 동참하는 과정에서 '메갈리아'라는 SNS 페이지가 해당 발언에 '미러링'이라는 의미를 사후적으로 부여하기 시작했다. 이어서 지금까지 축적되었던 남혐 발언을 데이터베이스화해서 정리한 '메갈리아 저장소'라는 사이트가 등장했고, 이후 '메갈리아'는 '워마드/레디즘'이라는 커뮤니티로 분화했다.

앞으로 살펴보겠지만 시간 순으로 가면 갈수록(남연갤→메르스갤러리→메갈리아→워마드) 커뮤니티의 남성혐오 관련 언행은 더욱 과격하고 엽기적인 양상을 띠게 된다. 물론 그 결정적인 계기는 그동안의 남성혐오 발언을 다른 수많은 인터넷 유행어처럼 과거로 흘려보내는 대신 일베처럼 특정 커뮤니티에 아카이빙한 데 있다. 이처럼 혐오 자료가 하나의 데이터베이스에 집약되면 혐오 발언을 더 이상 멈출 수 없게 된다. 그것이 일종의 자기정체성이 되어버리기 때문이다. 이러한 자기정체성 혹은 커뮤니티에 대한 애착을 인터넷 용어로 '커뮤니티부심(커뮤니티+자부심)'이라 부른다. 이렇게 혐오 발언의 신조어들을 끊임없이 생성해내는 능력을 자신들의 '자부심'으로 삼는 곳은 지금까지 일베와 메갈리아/워마드 두 곳밖에 없다.

사이버폭력과
메갈리아의 사건사고

2장

묻지 마 폭력과
이유를 갖다붙인 폭력

　　메갈리아/워마드와 일베는 비슷한 사상(나는 너를 혐오할 권리가 있다)을 공유하지만 자신의 사상을 실현하기 위해 이용한 집단적 실력 행사 방식에는 미묘한 차이가 있다. 알다시피 인터넷에는 혐오 발언은 물론이고 각종 도배와 욕설 그리고 신상털기와 조리돌림 등 다양한 유형의 사이버폭력이 존재한다. 이것이 최근 일베와 메갈리아/워마드를 주축으로 '놀이화'되면서 그 죄책감은 덜해지고 심각성은 더해졌다는 것은 주지의 사실이다. 이 같은 다양한 유형의 사이버폭력을 과거의 정치적 폭력에 비유하자면 두

가지로 나눠볼 수 있다. 바로 '백색테러'와 '적색테러'다.

　　백색테러와 적색테러의 역사적 기원은 각각 프랑스혁명과 러시아혁명 같은 유혈혁명에서 찾아볼 수 있다. 먼저 백색테러의 백색은 프랑스 왕국 왕권의 상징인 백합에서 유래했으며, 적색테러의 적색은 러시아혁명과 파리코뮌 등에서 나부낀 붉은 깃발에서 유래했다. 둘 다 폭력적인 수단을 써서 적을 위협하거나 공포에 빠뜨려서 무력화시키려는 행위를 의미한다. 사람들은 흔히 둘의 차이를 그 행위 주체의 차이(좌익과 우익)에 입각해서 생각하지만, 행사되는 방식에서도 중대한 유형적인 차이가 있다.

　　백색테러는 역사적으로 미국의 인종차별 단체인 KKK단의 하얀 복면이 상징하는 것과 같이, 자신의 신원을 숨긴 '은밀한 테러'의 방식을 차용했을 뿐 아니라 상대방의 실제 행위나 책임 여부에 개의치 않은 채 상대방의 성적·인종적·문화적 정체성과 사회적 관계만을 이유로 폭력을 가하는 이른바 '묻지 마 폭력'의 방식을 취한다. 우리나라에서 있었던 가장 극단적인 백색테러는 좌익과 연루되었다는 이유만으로 제주도의 양민들을 우익단체와 군경이 무차별 학살한 '제주 4.3 사건'이다. 또한 6.25 전쟁 이전에 보도연맹이라는 좌익 외곽 단체로부터 식량을 나눠받았다는 이유만으로 전쟁 중에 시민들을 무차별 학살한 '보도연맹 학살사건'도 있다.

　　반공주의를 명분으로 삼아 자국민에 대해 자행된 백색테러는 '재판'과 같은 제도적 절차를 경시하는 특징이 두드러진다.

공안당국의 의혹만으로 반정부 인사를 재판도 없이 은밀히 납치·고문·감금·살해하고 시체를 유기하는 짓이 남미의 극우 군사정권들에 의해 자행되었다. 물론 그 배후에는 납치와 고문의 노하우를 전수한 미국의 정보기관이 있었다.[41] 인도네시아에서도 수하르토 정권 아래 최소 수십만 명의 시민과 활동가들이 CIA의 '공산주의자' 명단에 올랐다는 이유만으로 학살당했다.[42] 우리나라에서도 박정희 정권 시절 무고한 시민들에게 정부 전복 음모 혐의를 뒤집어 씌워서 사형을 집행한 사법살인(인혁당 사건)이 자행되었다. 이처럼 백색테러는 그 결정과 집행의 책임 주체가 은폐되어 있거나 모호한 '은밀한 테러' 내지는 '묻지 마 폭력'의 형식을 취한다.

반면에 적색테러는 이와 행사되는 방식이 다르다. '묻지 마 폭력'의 특징이 두드러진 백색테러와 달리 적색테러는 폭력의 행사 주체가 스스로의 정당성을 '과시'하는 경우가 부지기수다. 보통 '인민'의 이름으로 좌익에 의해 행해지는 적색테러는 국가와 지배계급의 폭력에 맞선 '대항폭력'을 명분으로 내건다. 구소련의 독재자 스탈린이 니콜라이 부하린 등 자신과 정치노선이 다른 정적들을 제거하기 위해 '반역자' 누명을 씌웠던 '모스크바 재판(1938~1939)'이 대표적인 예다. 이 재판의 일부는 요란한 공개재판으로 열렸기 때문에 소련에 동정적이었던 전 세계의 좌파 세력에

41   나오미 클라인, 김소희 역,《쇼크 독트린》, 살림출판사, 2008, 59쪽.

42   같은 책, 91~92쪽.

게도 큰 충격을 주었다.

　이와 같은 공개재판은 공산주의 전통에서 '인민재판'이라고도 불렸다. 인민재판의 본래 의의는 인민들이 사법체계에 접근하는 데 장애가 되는 장벽을 없애자는 것이었다. 즉 인민 모두가 재판관인 동시에 배심원과 검사·변호사를 맡음으로써 부르주아 사법제도의 한계를 극복한다는 것이었다. 그러나 취지는 이상적이었지만 실질적으로 인민재판은 제대로 된 절차나 조사 없이 다수의 여론만으로 이루어진 즉결심판이었으며 사적 보복의 수단으로 악용되었다. 6.25 당시 인민군의 점령 아래 남한의 일부 시민들이 단지 '지주' 내지는 '공무원'이라는 신분만으로 고발·숙청된 사례가 대표적이다. 마오쩌둥 치하의 중국 문화혁명 때에도 피고소인이 자신의 입으로 스스로의 죄악을 '자아비판'의 형식으로 고백할 때까지 조리돌림을 가했다.

　적색테러의 가장 엽기적인 판본은 1972년 일본에서 일어난 좌익 적군파 소행의 '아사마 산장' 사건이다. 산장에서의 인질극이 있기 전 좌익 조직원들끼리 '자아비판'이라는 명목으로 자신들 중 12명을 잔학한 방법으로 살해한 만행이 드러난 것이다. 해당 사건이 전국에 보도되자 일본 내에서 좌익 세력은 완전히 몰락했다. 그 이전에도 사상 노선이 다른 일본 좌익들 사이에서 '우치게바'[43]라는 명목으로 테러를 저지르는 관행이 있었다.

43　'내부'을 의미하는 '우치'와 폭력을 의미하는 '게바'(독일어 Gewalt에서 유래)의 합성어. 한국에 번역 출간된《남쪽으로 튀어!》에도 그 모습이 잘 묘사되어 있다.

대다수의 좌익은 국가와 자본에 의해 자행된 유무형의 폭력에 반대하고 평화주의를 대의명분으로 내세우지만, 그만큼 국가와 자본의 폭력에 맞선 '대항폭력' 역시 지지한다. 이것은 스탈린을 긍정하는 '구좌파'든, 히피문화와 반전/평화/생태 사상을 앞세우는 '신좌파'든 마찬가지다. 백색테러의 경우 그 범행의 은밀함 때문에 사건의 진상을 파악하기 어려운 반면, 적색테러의 경우에는 정반대로 오히려 공개된 사건임에도 외부인들의 수다스러운 이데올로기적 정당화가 횡행함으로써 사건에 대한 제대로 된 고찰을 방해받는 경우가 많다. 적색테러의 진짜 동기도 따지고 보면 이념적이거나 사상적 동기와 무관하지만, 정작 적색테러의 야만에 의미 부여가 이루어진 것은 사건 바깥에서 그 이념을 믿고 싶어한 관찰자들에 의해서였다. 1930년대 소련의 모스크바 재판이 서구 좌파 지식인 사회에 충격을 주자 '이러한 폭력도 결국 미래의 사회 해방에 도움이 된다면 긍정할 수 있다'라는 결과론적 논리로 옹호한 메를로퐁티의 《휴머니즘과 폭력》[44]이 대표적이다.

　　이처럼 1848년의 《공산당 선언》 이래 '폭력'에 반대하면서도 동시에 '대항폭력'을 긍정하는 것은 정도의 차이는 있을지라도 좌파의 오랜 전통이었다. 이것은 일견 이해할 만한 구석이 있지만

44　모리스 메를로퐁티, 박현모 역, 《휴머니즘과 폭력》, 문학과지성사, 2004. 한편 메를로퐁티는 1947년에 이 저작을 출간한 후 한국전쟁을 목격하면서 장 폴 사르트르와 논쟁을 벌이며 친소련 노선에서 벗어나기 시작한다. 이와 관련한 자세한 정황은 민음사에서 출간된 《프랑스 지식인들과 한국전쟁》을 참조하라.

역사에서 여러 가지 까다로운 문제를 낳았다.[45] 이를테면 대항폭력은 결국 누구를 향하는가?

메갈리아 신드롬에 대한 제대로 된 분석이 어려운 것 역시 이들이 바로 '대항폭력'의 명분을 취하고 있기 때문이다. 그렇기 때문에 메갈리아 신드롬의 기원을 파헤치기 위해서는 대항폭력의 명분으로 설명될 수 없는 그동안의 폭력의 계보를 추적할 필요가 있다.

일베의 경우에 그것을 추적하는 것은 어렵지 않다. 일베가 행한 사이버폭력은 백색테러에서 전형적인 '묻지 마 폭력'의 형태를 취하고 있기 때문이다. 새벽에 몰래 대자보를 찢는다든지, 공공시설에 혐오 발언이 담긴 낙서를 남기고 간다든지, 지역 출신과 성별만을 이유로 특정인에 대한 조롱 댓글을 도배한다든지 하는 것들 말이다. 애초에 거기에서 대의명분 같은 것은 찾아볼 수 없었다. 필자 역시 《일베의 사상》에서 친가와 외가가 각각 경상도와 전라도라는 신상정보를 공개하자 '하프홍어'(절반의 홍어)라는 악플이 출판사 블로그에 도배되었다.

이 같은 일베 유저들의 행태는 일종의 놀이화된 백색테러라고 할 수 있다. 그들은 정작 자신들의 행동을 심각하게 생각하지 않는다. 그런 점에서 일베 유저들이 행하는 사이버폭력은 더 심각한 정치적 주장(증오 발언)과 행동(증오범죄)을 촉구하는 유

---

45 이와 관련하여 에티엔 발리바르, 진태원 역, 《폭력과 시민다움》, 난장, 2012를 참조하라.

럽의 네오나치나 일본의 재특회[46]와는 성질이 다르다. 가령 지난 2014년에 있었던 광화문 폭식 시위도 진지한 정치적 요구·주장을 동반한 대중운동이라기보다는 단식투쟁 중인 세월호 유가족들과 이를 지지하는 시민들의 감정을 상처 입히고 그들을 도발하려는 놀이였다. 도덕적 성역을 무너뜨리는 것이 그저 재미있다는 이유로 저지른 짓이다.

반면에 일베와 비슷한 놀이화된 테러를 공유하는 메갈리아에서 행하는 신상털기와 조리돌림 그리고 막말은 대내적으로는 놀이지만 대외적으로는 이보다 더 '심각한' 인민재판, 여론재판의 형식을 취하고 있다. 그런 점에서 굳이 비교한다면, '재미'만을 이유로 타인을 조롱하는 것을 즐기는 일베보다는 상대적으로 더 진지한 '페미니즘'이라는 이념을 표방하는 메갈리아가 오히려 '재특회'나 '네오나치'의 노선에 더 가깝다고 할 수 있다. 실제로 몇몇 나라에서 일부 페미니즘과 극우의 친화성은 전혀 놀라운 일이 아니다. 일례로 프랑스에서 이슬람계 이민자 여성이 좌파 정당의 후보로 출마하자, 극우 정당이 앞장서서 스카프를 머리에 쓴다는 이유로 그녀를 '반여성주의자'로 몰아붙이는 마녀사냥을 벌였다.[47] 극우 정당의 혐오 정치와 페미니즘적 명분은 이런 방식으로도 만날 수 있는 것이다.

---

46   최근 일본 내에서 혐한 시위와 재일조선인 증오범죄를 주도했던 일본의 시민단체. 일명 '재일조선인의 특권을 반대하는 시민들의 모임.'

47   손이상, 〈어떤 스카프〉, 《한국일보》 '2030 세상보기 칼럼', 2015.7.15.

밑도 끝도 없이 타인의 정체성(성별, 지역 출신, 정치 성향)을 빌미 삼아 조롱하고 공격하는 일베의 '묻지 마 테러' 방식과 달리, 일부 여초 커뮤니티에서는 그동안 겉으로는 사회적 대의명분을 내세우면서 평소 마음에 들지 않았던 연예인 및 유명인을 매장시키는 등의 집단폭력이 심심찮게 이루어져 왔다. 이런 의미에서 일베가 놀이화된 백색테러라면, 메갈리아/워마드는 놀이화된 적색테러라고 할 수 있다. 이제부터 (일부 메갈리아와 남연갤도 관련된) 몇 가지 유명인 관련 마녀사냥의 사례를 살펴보자.

사례 연구 : 인터넷 마녀사냥

1. 류준열의 일베 논란

2015년 11월부터 방송된 TV 드라마 〈응답하라 1988〉로 일약 스타덤에 오른 류준열이 알고 보니 일베 유저였다는 논란에 휩싸인 적이 있다. 류준열이 인스타그램에 올린 사진이 발단이었다. 류준열은 2015년 10월 21일에 절벽 등반을 연상시키는 사진을 올리며 '엄마 두부 심부름 가는 길'이라는 글을 썼다. 그런데 2016년 2월경 디시인사이드 '국내야구갤러리'에서 이것이 일베 유저들이 즐겨 사용하는 노무현 전 대통령에 대한 고인 능욕이라는 주장이 제기되었다.

실제로 일베 유저들은 고 노무현 대통령이 두부외상으로

❤ 좋아요 16,411개

❤ 16,109명이 좋아합니다

류준열의 인스타그램 사진들.

사망했다는 뉴스보도를 희화화하며 '외상으로 무슨 두부를 사먹었느냐'라는 식으로 고인을 능멸하는 농담을 했다. 이후에도 일베 유저들은 맥락 없이 여러 사건사고에 '두부'를 빗댄 말을 사용했다. 따라서 류준열도 노무현이 투신한 절벽을 연상시키는 사진에 '두부'라는 말을 연관시키며 노무현 전 대통령에 대한 고인 능욕을 했다는 것이다. 하지만 일베에서 고인 능욕을 하기 위해 '두부'라는 단어를 단독으로 사용하는 경우는 거의 없었다. 일베 유저들은 대개 '두부운지'나 '두부외상' 등 '두부~'와 결합된 합성어를 사용한다. 무엇보다 그 사진이 고 노무현 전 대통령이 투신한 부엉이바위를 암시한다는 것 자체가 과대해석이다. 일각에서는 해당 인스타그램 사진이 〈SM플레이어〉라는 웹툰의 시즌2 22화에 등장하는 '두부 심부름 에피소드'를 연상시킨다는 반론을 제기했다. 또한 류준열이 평소 일상 속에서 먼 여행을 떠나는 콘셉트를 잡는 사진을 즐겨 올렸다는 점에서 딱히 이상할 것이 없는 사진이라는 반론도 있었다.

그럼에도 사실무근의 (인터넷 용어로 말하자면) '궁예질'에 가까운 문제 제기로 인해 그의 인스타그램에 올라온 사진에는 2016년 6월 현재까지 7000개가 넘는 악플과 반론 글들이 달리며 난장판이 되었다.[48] 그러자 보다 못한 주변 지인들이 그가 고 노무현, 김대중 대통령을 능욕했던 일베 유저의 성향과 너무나 다르다는 것을 증언했다. 실제로도 류준열의 평소 발언과 SNS의 글들을 보면 그를 아무리 나쁘게 봐도 '노빠(노무현 팬덤)' 성향이라는 것 외에는 트집 잡을 여지가 없다. 류준열이 고 노무현 전 대통령을 다룬 영화 〈변호인〉에 높은 평점을 준 것을 포함해서, 그가 2012년 총선 직전 야당 지지자들 사이에서 인기몰이를 했던 팟캐스트 방송 '나꼼수' 팬이었다는 정황은 물론이고, 세월호 사건과 진보 언론에 대한 인터뷰에서의 동정적인 언급을 봐도 그가 일베 성향과 다르다는 것은 분명하다.

한편 이 소식이 다른 커뮤니티에도 전파되면서 이후 그가 일베 유저라는 의혹을 제기하는 여러 주장이 나왔다. 그러나 이것들 역시 설득력이 부족하다.

첫 번째 주장은 그가 한 언론 인터뷰에서 유명 아프리카방송afreeca.tv의 BJ 지코를 '선생님'이라고 부르며 '존경한다'라고 언

---

48   https://www.instagram.com/p/9Fsm-zLPhb/

급한 것이다. 문제는 BJ 지코 역시 일베 회원이라는 논란에 휩싸였던 방송인이었다는 점이다. 그러나 류준열의 해당 발언은 그가 출연한 영화 〈소셜포비아〉에서 자신이 맡은 배역이 아프리카 BJ였고 그 모델이 지코였음을 밝힌 것에 지나지 않는다. 류준열 일베 논란 와중에 〈소셜포비아〉의 영화감독이 스스로 밝혔듯이 연기에 참고하도록 류준열에게 지코의 방송을 추천했다고 한다. 공교롭게도 〈소셜포비아〉는 SNS에서 벌어지는 자극적인 소문의 유포와 마녀사냥을 비판하는 영화다.

두 번째 주장은 류준열이 〈꽃보다 청춘 아프리카〉라는 방송에서 공금을 나누며 '저희가 좀 한 데모크라시하거든요'라는 말을 썼다는 것이다. '민주주의' 대신 평소 남들이 잘 사용하지 않는 '데모크라시'라는 말을 구태여 쓴 것은 이상하며, 이것은 일베에서 '민주화'를 비추천의 의미로 사용하는 것을 염두에 둔 발언이라는 것이다. 그러나 일베에서는 정작 데모크라시라는 말을 거의 사용하지 않는다. 한 일베 유저조차 데모크라시 발언을 둘러싼 류준열 일베 논란을 지켜보며 "얼마나 무식하면 데모크라시를 보고 일베의 민주화를 생각하지"라며 어이없어 할 정도였다.[49] 일베 유저 자신들이 그런 말을 거의 쓰지 않는다는 것을 알고 있기 때문이다.

논란이 절정에 이르자 한 네티즌은 류준열의 아이디를 도

49   https://www.ilbe.com/7585396320

용해서 일베에 가입하려고 시도했다가 형사고발을 당했다. 류준열이 일베 유저인가 아닌가에 대한 진실 검증에 집중하기보다는 어떻게든 그를 일베 유저로 만들려 했던 것이다.

그렇다면 왜 류준열이 일베 논란에 휩싸인 것일까? 많은 이들은 (일베의 전신이기도 한) 디시인사이드 야구갤러리에서 처음으로 류준열의 인스타그램 제보를 했던 것으로 알고 있다. 그러나 사실 류준열 일베설을 퍼뜨린 배후는 디시인사이드의 남자연예인갤러리였다. 2016년 2월 24일 오전 11시 12분경 평소 류준열의 근황을 주시하고 있던 남연갤 유저들은 류준열의 인스타그램 사진을 보고서 일베가 연상된다며 "저거 봇초(여초 커뮤니티) 올리면 난리나겠노 아직 아무도 모름"⁵⁰ 등등의 글을 올린다. 이에 대해 "빨리 장작 넣자" "야넴(야갤 개념글)에 올리면 전파될 텐데. 주작기(추천) 간절"⁵¹이라는 호응 글이 잇달아서 올라온다. 결국 국내야구갤러리에 류준열의 일베 의혹을 제기하는 관련 글이 올라오면서 다른 커뮤니티에도 일파만파로 소식이 전해진다.

주지하다시피 남자연예인갤러리는 이미 2014년부터 남자아이돌을 대상으로 일베식 패드립과 어그로를 즐기며 루머 유포와 분란을 일삼던 여초 커뮤니티로, 2015년 메르스갤러리의 남혐도배를 시작한 곳이기도 하다. 이들은 결국 여론 조작이 성공했음을 알고 자축하는 글을 올린다. "려시(여성시대) 올라온 지 10분 만

50   http://gall.dcinside.com/board/view/?id=m_entertainer&no=3339591

51   http://gall.dcinside.com/board/view/?id=m_entertainer&no=3339744

류준열 일베 논란과
관련한 여론 조작의
정황.

에 천플 돌파ㅋㅋㅋㅋ "려시하는 언니들 댓글 반응 좀 캡처해봐

라 이기야" "오유에 장작 넣을 순 없냐" "쭉빵에도 떴다!!!" "봊

초(여초)는 일베가 직빵이구나ㅋㅋㅋㅋ[52] 등등. 여기서도 다른 여초

커뮤니티에 여론 조작과 분란을 조장하면서도 이들을 '봊초'라고 내심 깔보고 있는 남연갤의 냉소적 태도가 잘 드러난다. 또한 집단적인 여론 조작의 정황도 드러나 있다.

사실 2014년부터 일베 말투와 드립을 따라하고 연예인 '쥐 패기'를 스포츠처럼 즐겼던 게시판에서 류준열에 대해 일베 시비를 일으킨 것 자체가 우스운 일이다. 그렇다면 이들은 도대체 왜 류준열을 표적으로 삼았을까?

사실은 사소한 이유가 발단이었다. 〈응답하라 1988〉에서 (자신들이 좋아하는 예쁘고 어린 남자 아이돌과 달리) 외모가 마음에 들지 않는 남자배우가 스타덤에 오르는 것 자체가 이들의 심기를 거스른 것이다. 알다시피 남연갤은 남자 아이돌 및 연예인에 대한 성적 대상화와 외모지상주의가 횡행하던 곳이다. 실제로 남연갤에서 류준열에 대한 비하성 은어인 '류크' '륵크' '류빵' 등으로 검색해보면 그에 대한 외모 비하 발언과 언어폭력이 난무하는 것을 볼 수 있다. 류크는 일본 만화 〈데스노트〉에 등장하는 사신 캐릭터를 빗댄 말이다. 비슷한 이유로 남연갤 유저들이 류준열 팬을 '류크 줌' '류크애미'라며 비하하는 것을 쉽게 찾아볼 수 있다. 류준열과의 연관어로 '빵은~(여초에서의 외모 비하 용어)' '상폐남(상장폐지된 나이 든 남성)'[53] 등의 부정적인 단어가 빈번하게 등장한다. 한 남연갤 유저는 류준열에 대한 안티심리를 다음과 같이 설명한다.

---

53   http://gall.dcinside.com/board/view/?id=m_entertainer&no=3710860

"류크는 진짜 그 와꾸로 배슬 되겠다 생각한 자체로 쳐 ××
야되기."[54]

여기서 '배슬' 혹은 '배슬아치'란 외모가 아닌 연기력으로
인기몰이를 하는 남녀 배우를 못마땅해 하면서 부르는 말이다. 다
른 유저는 류준열의 팬들에 대해 다음과 같이 비난한다.

"류크애미들은 진짜 양심도 없는 ×들임. 그딴 상폐 아재를
빨면서 부끄러운지도 모르는지 복엄이(박보검의 별칭) 패면서 이겨
먹을려고 함. 미친×들. 시×년들. 류크 라이벌은 복엄이가 아니라
오달수다 개×들아."[55]

〈응답하라 1988〉에 같이 출연한 박보검 팬으로 추정되는
이 유저는 류준열이 외모로 상대가 안 된다며 류준열 팬들마저 비
하하고 있는 것이다.

그나마 자신의 혐오 본능에 솔직한 남연갤 유저들과 달리
메갈리아 유저들은 류준열의 인기몰이에 대해 못마땅해 하면서
자신의 혐오 정서에 대해 음모론적인 이유를 갖다 붙인다.

"류준열 너무 못생겼다. 눈뜨고 못 봐줄 지경. 응팔 같은 드
라마가 흥행하면 안 된다. 자지새끼들 자기가 류준열이라도 되는
줄 알고 자지 덜렁이며 갓치(한국 여성)들한테 말걸 거 아니노? 갓
치! 데헷! 나는 덕선이(응팔의 캐릭터)처럼 예쁘고 날 챙겨줘서 조

---

54   http://gall.dcinside.com/board/view/?id=m_entertainer&no=3699758

55   http://gall.dcinside.com/board/view/?id=m_entertainer&no=3799861

아! 나랑 결혼해조! 이럴까바 끔찍하다 이기."[56]

2016년 1월 1일에 올라온 이 글은 메넘글 추천 176에 비추천 1을 기록하고 있다. 사실 메갈리아의 원조격인 남연갤과 메갈리아의 차이는 바로 여기에 있다고 해도 좋다. 별 다른 이유 없는 혐오와 이유를 갖다 붙인 혐오 말이다.

요약하자면 외모가 마음에 들지 않는 남자배우가 인기를 끄는 것 자체를 못마땅해 하던 일부 드라마 팬들이 류준열 일베 논란을 일으켰다. 논란 자체는 대외적으로 반일베 캠페인의 성격을 띠었지만 실은 외모로 인한 한 연예인에 대한 안티심리와 드라마 팬들 간의 갈등이 근본적인 이유였다. 표면적인 대의명분과 이면의 숨겨진 동기 사이의 간극을 채운 것이, 앞서 본 것과 같이 루머의 유포자들이 자신의 정체를 숨긴 채 다른 커뮤니티에서 집단적으로 행하는 여론 조작이었다.

2. 아이유의 소아성애 논란

류준열 일베 논란은 주변인의 해명 덕분에 금세 진화되었다. 그리고 류준열의 경우는 여론 조작의 배후에 관한 증거가 남아 있는 운 좋은 경우다. 앞서 언급한 남연갤 내부의 여론 조작 정황도 남연갤에서 이른바 '보초서기'를 해왔던 다른 여초 커뮤니티의 폭로를 통해 알려진 것으로 보인다. 보초서기란 (한 제보자에 따

---

[56]   https://megalian.com/free/370158 추천 176 비추천 1

르면) "자신이 좋아하는 아이돌의 이름을 주기적으로 검색하면서 루머 유포나 비방 내용을 감시하는 행위"를 의미한다. 한편 대다수 유명인 마녀사냥의 경우 논란이 이보다 더 집요하게 지속되곤 한다. 여론 조작의 주체가 밝혀지지 않은 채 지속되는 소모적인 논란이 어느새 '공익'으로 포장되어버리기 때문이다.

연예인 마녀사냥은 대개 다음과 같은 단계를 밟는다. 먼저 마녀사냥의 초기 국면에서는 사실관계의 짜깁기를 통한 루머의 생성이 일어난다. 대개 루머 유포의 당사자는 다른 커뮤니티에서 평범한 이용자를 가장한 채 루머를 유포한다. 운 좋게 해당 인물이 누구인지에 관한 증거가 남는 경우는 드물다. 문제는 루머와 논란이 사실관계와 부합하지 않거나 이치에 맞지 않은 것으로 드러나도 루머의 유포자들이 '논점'을 계속 다른 방향으로 뒤튼다는 점이다. 이때부터 루머는 국민의 알 권리 등의 '공익'으로 포장되며, 루머의 유포자들은 상대방이 굴복할 때까지 정체를 바꿔가며 집요하게 괴롭힌다. 이 경우 '피드백을 원한다'라는 식의 요구를 일부 여초 커뮤니티에서 쉽게 볼 수 있다. 이때의 피드백이란 진짜 피드백이 아니라 연예인이 잘못을 무조건 실토할 것을 요구하는 것에 불과하다. 이는 평소 싫어하던 유명인이 자신들의 눈앞에서 무릎을 꿇는 것에서 정신적 만족을 얻으려는 정신병적 보상심리다. 아이유에 따라붙었던 이른바 소아성애/로리콘 논란이 전형적인 사례라고 할 수 있다.

아이유는 인기 아이돌 여가수다. 하지만 평소 작품 활동에 자신만의 색깔을 나타내려는 아티스트로서의 욕심을 보였고, 팬들과 활발하게 소통하면서도 그 속내를 알기 힘든 성격 때문에 일부 여초 커뮤니티는 물론 남초 사이트에서도 '여우'라든지 '교활하고 영악하다'라는 안티 정서가 있었다. 나아가 2015년에 30대 남성 유명 가수 장기하와 공식 연애를 시작한 것이 안티 정서에 기름을 부었다. 일부 여초 커뮤니티 사이에서 '삼촌뻘의 아저씨와 사귄다'라며 싫어한 것이다.《맥심》화보 모델 출신이자 여성향 도색잡지인《젖은잡지》의 편집장 장두리는 트위터에서 아이유에게 "정신 차리고 엑소 같은 애들 만나"라는 일침(?)을 놓았는데, 이것은 남연갤 등 일부 여초 커뮤니티의 나이 든 남성을 싫어하는 정서와 일맥상통한다. 메갈리아에도 장두리에 대한 호응 글이 올라왔다.

"아이유-장기하 연애는 우리 모두가 볼 때 아이유가 좆나 아깝고, 갓두리(장두리)가 그렇게 얘기하면 보는 우리가 봊나 시원하잖아? 우리가 그동안 당해오던 걸 그대로 갚아주니까. 상폐 한 남충 새끼들이 얼마나 무가치한지 알려주는 귀중한 일침이다 이기."[57]

이처럼 여초 커뮤니티 일부에서는 끼 있고 예쁜 여자연예인이 나이 든 남성과 사귀는 것에 대한 피해의식이 있었다.

아이유 관련 소아성애 논란이 일었던 계기는 아이유가

---

[57]   https://megalian.com/free/199679 추천 276 비추천 1

2015년 10월경 컴백하며 발매한《CHAT-SHIRE》라는 앨범이었다. 해당 앨범에서 아이유는 기존의 아이돌 여자아이 이미지를 탈피하여 아티스트의 이미지를 추구하며 난해한 비유와 상징으로 가득 찬 가사의 노래들을 담았다.《이상한 나라의 앨리스》를 모티프로 삼은 타이틀곡〈스물셋〉의 뮤직비디오도 비교적 난해하다는 평이었다. 그러던 와중 11월 초 일부 네티즌들이 뮤직비디오와 노래가사 그리고 앨범 표지에 '소아성애' 코드가 담겨 있다는 의혹을 제기했다. 일자눈썹에 양갈래 머리를 묶고 남성들을 향해 소녀적 이미지를 어필한다든지, 뮤직비디오에서 우유를 쏟는 장면이 정액을 암시한다든지, 심지어 원피스를 입고 TV 모서리에 걸터앉는 것이 아동 자위를 연상시킨다는 해석이 인터넷에서 유행했다. 블라디미르 나보코프 소설 원작의 영화《로리타》나《레옹》의 오마주로 보이는 장면을 문제 삼기도 했다.

이러한 인터넷 상의 소아성애 논란은 같은 앨범에 수록된〈제제〉라는 노래의 가사가《나의 라임오렌지 나무》의 어린 주인공 제제를 성적으로 대상화했다는 주장에서 절정에 달했다. 아이유가 제제라는 캐릭터가 '섹시하다'고 생각한다고 밝혔던 인터뷰도 뒤늦게 논란거리가 되었다. 앨범 표지에서 나무 밑의 남자아이가 스타킹을 신은 채 요염한 포즈를 취한 것도 문제시되었다. 이 때문에 아이유의 음원 판매 금지를 요구하는 인터넷 서명운동이 벌어지기도 했다. 이에 아이유의 소속사에서는 노래에 등장하는 "제제는《나의 라임오렌지 나무》에서 모티프를 취한 제3의 캐릭터"라는 해명을 내놓았다. 이와 관련해《나의 라임오렌지 나무》의 한국어판을 출판한 동녘 출판사에서 아이유에게 유감 표명을 했다가 '문학적 해석의 자유에 대한 과도한 간섭'이라는 일부의 반발을 받고 유감 표명을 번복하는 해프닝도 있었다. 아이유는 물론 소아성애나 소아성범죄와 무관했지만, 결국 논란 자체에 대한 도의적인 사과 의사를 밝혔다.

이 논란에 메갈리아도 상당히 많은 기여를 했다. 아이유 열애 소식 당시에도 한 메갈리아 유저는 "상폐 아재들이 지들도 아이유 같은 여자 사귈 수 있다 생각할까봐 무섭다 이기. 저번에 설리 최자 스캔들 터졌을 때 나한테 들이대던 상폐 아재 있었던 게 생각난다"[58]라며 피해의식을 토로했다. 심지어 논란 당시 아이유가 유행시킨 일자눈썹이 "여자=순종적 프레임을 완전 시각적으로 보여주는 메이크업 방식"[59]이라고 주장하는 사람도 있었다. 한편 "난 아동성범죄 생존자다"라며 아이유가 아동성범죄를 조장했다는 투로 아이유 음원 폐기 서명을 독려하는 글도 올라왔다.[60] 아이유가 나이 든 남자와 사귀고 일자눈썹을 유행시킨 것 등에 대한 일상의 피해의식과 반감이 그녀를 인터넷 상에서 범죄자로 만드는 데 일조한 것이다. 제정신이라고 보기 힘든 사고 흐름이지만, 위 글들은 모두 추천 수가 200~300을 넘어갈 정도로 호응을 얻었다.

58   http://megalian.com/free/198725 추천 344 비추천 0

59   http://megalian.com/free/270416 추천 334 비추천 9

60   http://megalian.com/free/269351 추천 228 비추천 3

이 논란에서 특징적인 것은 제멋대로의 사물 해석(예를 들어, 일자눈썹=순종적 여성)도 있지만, 특히 개념의 오남용이 두드러졌다. 로리타 콤플렉스라는 문화적 코드와 소아성애, 아동성범죄는 완전히 층위가 다른 세 가지 문제임에도 대부분의 논의는 이러한 층위 구분에 주의하지 않았다. 〈스물셋〉이라는 노래를 포함해서 앨범《CHAT-SHIRE》에 수록된 노래들은 성숙한 여성 아티스트로서 자기 세계를 추구하고 싶은 욕망과 기존에 견지했던 어린 소녀 이미지 사이에서의 갈등을 표현하는 내용이다. 이 과정에서 무리하거나 생뚱맞은 작품 해석이나 이미지 차용이 이루어졌다는 비평은 있을 수 있다. 또한 그러한 작품 해석 과정에서 아이유나 뮤직비디오 감독이 그들의 작품에 로리타 코드를 차용했다는 비평을 할 수도 있다. 그러나 그것은 아이유에게 소아성애 성향이 있다든가 혹은 사회적으로 소아성범죄를 조장한다는 주장으로 직결될 수 없다.

가령 서양의 고전적 문학작품에서 때때로 그보다 훨씬 노골적인 아동성애(《베니스에서의 죽음》《로리타》), 불륜(《적과 흑》《보바리 부인》《안나 카레니나》), 사도마조히즘(《모피를 입은 비너스》《소돔 120일》) 등의 패륜적인 요소들이 등장하지만, 그렇다고 해서 서구 사회가 그동안 불륜과 아동성애 그리고 사도마조히즘을 권장했다고 이야기할 수는 없다. 게다가 이런 작품들은 아이유에게 해당되지도 않는다. 무엇보다 아이유가 재해석한 '제제'라는 캐릭터를 아동이라고 볼 이유가 전혀 없다. 또한 아이유가 법을 교묘히 피해가면서까지 소아성애와 아동성범죄 옹호론을 퍼뜨릴 동기도 전혀 없다. 오히려 상대방에게 범죄 내지는 범죄 조장의 혐의를 근거 없이 뒤집어씌우는 것이야말로 범죄행위다.

물론 연예인 걱정은 시간 낭비라는 말이 있듯이, 소속사와 아이유 자신의 해명과 도의적인 사과를 끝으로 아이유는 보란 듯이 논란이 되었던 〈제제〉를 콘서트에서 부르는 등 강철 멘탈을 과시했다. 물론 이것은 아이유에 대해 음원 폐기까지 요구했던 안티층의 감정을 더욱 자극했고, 최근에도 아이유 관련 포털 뉴스 기사나 일부 커뮤니티에서 아이유에 대해 '독하다' '뻔뻔스럽다' 등의 악플이 집요하게 달리는 것을 볼 수 있다. 이것은 평소 마음에 들지 않은 연예인을 어떻게든 여론재판 앞에서 굴복시켜보려는 보상심리와 이어져 있다.

논란이 장기화되고 소아성애 프레임의 화력이 시간이 갈수록 고갈되자, 일부에서는 이를 사회에 만연한 소아성애 및 어린 여자 선호 사상에 경각심을 울리는 일종의 캠페인이라고 사후적으로 정당화했다. 이와 관련해서 한 메갈리안 유저는 다음과 같이 이 사태에 대해 논평하고 있다.

"일자눈썹이건 잔머리가 많건 리본을 매건 그게 그래서 소아성애 하는 게 아니라 순수해 보이고 어린아이가 자기보다 경제적 사회적으로 약자이기 때문에 지배할 수 있는 권력 욕구에서 비롯된 뒤틀린 심리다. 그 새끼(한국 남성)들 (때문에) 취향이 아닌 것을 선택하겠다 하면서 하나하나 검열하면서 살지 말고 그 새끼들이 자지가 달린 이유만으로 여자보다 경제적 사회적으로 권력을 쥘 수 있고 자기보다 어린 여자의 젊음과 순결을 돈 주고 사는 관습이 제도로 정착된 게 결혼임. 그니까 가부장제에서 페도(소아성애)랑 로리콘(여자 어린이에 대한 성적 취향)이 나올 수밖에 없다."[61]

여기서 문제는 근거도 없이 한 사람을 소아성애(옹호)자로 몰아붙였던 이 모든 논란이 결국 어린 여성을 소비하려는 남성과 가부장제에 대한 문제 제기였다며 사후적으로 논점을 뒤트는 방식이다. 정작 그래서 아이유가 가부장제의 페도필리아적 시선과 무슨 관련이 있었다는 것인지는 안중에도 없다. 여기서도 우리는 대외적으로는 소아성애 반대 캠페인이라는 대의명분을 취하고 있지만 기저에 깔린 내밀한 동기는 연예인에 대한 안티 정서와 피해의식 그리고 일상의 혐오 정서라는 지극히 평범한 사실을 재확인할 따름이다.

아이유를 대상으로 한 마녀사냥은 일베와 같은 남초 커뮤니티가 주도해온 백색테러 유형의 사이버폭력과 구분되는 또 다른 유형의 음습하고 집요한 폭력이다. 메갈리아의 경우 아이유-장기하 그리고 그 이전에 있었던 설리-최자와 같은 어린 여성과 나이 든 남성(이른바 상폐남)의 교제에 대해 느낀 피해의식이 아이유 비판의 밑바닥에 깔려 있었다. 이러한 커뮤니티의 밑바닥 정서에 무지한 일부 언론은 아이유에 대한 논란을 마치 공익적인 캠페

61　http://megalian.com/free/278923 추천 235 비추천 5

인인 양 오해하기도 했다. 대표적인 것이 아이유 논란을 통해 그만큼 아동성범죄에 대한 사회적 경각심이 높아졌다는 논조로 보도한 SBS 뉴스다.[62]

3. 웹툰 작가에 대한 마녀사냥

팬들과 안티팬이 첨예하게 얽혀 있는 아이돌 및 연예인과 달리 웹툰 작가들은 마녀사냥의 더 손쉬운 표적이 된다. 또한 보통의 연예인들의 작품에 비해 창작의 자유도가 상대적으로 높은 웹툰의 특성상 작품에 대한 시비도 그만큼 자주 일어난다. 물론 작품과 작가의 세계관에 대한 비평은 얼마든지 가능하다. 하지만 비평이라는 포장 아래 작품의 일부 내용을 빌미 삼아 작가를 마녀사냥 캠페인의 희생물로 삼는 일들도 비일비재했다. 대외적인 명분과 별개로 작가에 대한 인신공격과 편집증적인 증오가 대개 더 큰 동기였다. 여기서 거론하고자 하는 사례는 마인드C, 서나래, 사야카다. 이들 남녀 웹툰 작가 혹은 그들의 주변인이 '여성혐오' 시비에 휘말렸다.

먼저 마인드C의 경우부터 살펴보자. 마인드C는 디시인사이드 카툰갤 출신의 웹툰 작가다. 그는 2013년에 '미성년자를 강간했다'라는 웃긴대학의 허위 게시물에 시달리다가 범인을 고소해서 자필 사과문을 받아낸 적이 있다. 당시 문제의 네티즌은 '유

62　〈아이유 '로리콘' 논란… 엄정한 잣대 필요한 이유〉, SBS 뉴스, 2015.11.6.

명 만화가의 생활이 샘나 이 같은 짓을 저질렀다'라고 사죄한 바 있다. 그 이후에도 작가는 여러 차례 집요한 논란에 휩싸이면서 사생활 시비에 연루되었다. 예전에도 《강남미인도》라는 작품에서 세간의 (앞·뒷트임, 쌍꺼풀 수술, 눈 밑의 애교살, 코와 이마 등의 보형물 등) 전형적인 성형미인의 캐리커처를 그렸다는 이유로 여성혐오 논란에 휩싸였다. 이에 대해 작가는 "성형을 받는 여성들이 아닌, 무차별적으로 똑같은 수술을 해주는 성형외과 의사와 성형문화를 비판한 것"이라고 반박했다. 한편 이후 메갈리아/워마드에서는 한국 남성들의 전형적인 뿔테 안경 외모를 풍자하는 《한남클론도》라는 패러디가 등장하기도 했다.

마인드C는 (2014년부터 네이버 웹툰에 연재한) 《월유메리미》라는 작품에서 일명 '메리'와의 연애담을 그렸는데, 2015년 10월경 메갈리아의 한 회원이 마인드C를 직접 만난 적이 있다고 주장하면서, 그가 "이 여자 저 여자(주로 주변 작가들이나 디자이너)에게 고백하고 차이는 일이 되게 많았다"라며 그런 줄도 모르고 "결국 열두살 어린 메리가 낚여버렸노"라는 글을 올렸다. 마인드C는 사생활에 대한 허위사실을 유포한 해당 회원에 대한 형사고소 입장을 밝혔다.[63] 이처럼 마인드C와 그 주변인에 대한 허위사실을 유포한 것이 가장 큰 문제의 본질임에도 일부 메갈리아 유저들은 《월유메리미》라는 작품 중에서 마인드C가 애인인 메리를 향해

63　　http://blog.naver.com/2mindc/220525441951. 2015년 11월 1일 오전 1시경에 올라왔음을 볼 수 있다.

"뚱메리를 패자"라는 장난 섞인 노래를 부르는 부분을 지적하며, 이를 작가의 데이트폭력 옹호 사상을 보여준다고 주장했다.[64]

물론 이것도 굳이 선의로 해석하자면 하나의 '비평'으로 읽을 수 있다. 그러나 주목해야 할 것은 이러한 게시물들이 작가가 사생활에 대한 허위비방에 법적 대응을 천명한 직후 올라왔다는 사실이다. 이것 역시 한 개인에 대한 루머가 잘못된 것으로 판명 나면, 루머의 유포 집단이 자신들의 행위를 공익으로 포장하기 위해 논점 및 국면을 전환하는 인터넷 마녀사냥의 오랜 공식을 전형적으로 따르고 있다.

두 번째는 네이버 웹툰《낢이 사는 이야기》를 연재하는 작가 서나래와 그의 남편에 대한 마녀사냥 사건이다. 작가의 분신인 주인공이 아침 일찍부터 남편의 도시락을 싸주며 스스로 뿌듯해하는 일상의 장면에 대해 한 메갈리아 유저는 이를 "최강의 코르셋"[65]이라고 부르며 문제시했다. 또한 생활 패턴이 다른 직장인 남편이 깰까봐 침실이 아닌 작업실에서 자는 작가의 모습 그리고 남편이 작가의 생활 패턴을 바꾸게 하려고 아침에 도시락을 싸달라는 모습도 문제시되었다. 처음에는 결혼에 대한 회의론과 작가에 대한 동정론이 주였지만, 시간이 갈수록 "봇나 성공한 인생인데

---

64   http://megalian.com/free/256706와 http://megalian.net/free/257233. 각각 2015년 11월 1일 오후 1시와 5시에 올라왔음을 볼 수 있다.

65   http://www.megalian.com/up/249585. 2016년 6월경에 확인했으나 8월경에 삭제되었다.

섭치남 묻어서 구질구질해졌노ㅜ"[66] 등의 작가의 남편에 대한 험한 욕설이 동반되었다. 또한 누군가가 네이버 게시판 댓글창 점령을 시도하면서 댓글창에는 작가에 대한 불만은 물론이고 남편인 이과장에 대한 비방으로 도배되었다. 이를 참다못한 작가는 결국 악플러들에게 고소로 대응했다.

이런 마녀사냥이 한번 역풍을 맞으면 '저열한 비난과 정당한 비판은 구분해야 한다'라는 변명이 반복되었다.[67] 그러나 애초에 그 저열한 비난이 어디에서 유래했는지를 먼저 생각해야 한다. 애초에 작품의 단면으로 한 개인의 인생관과 생활 전반을 유추할 수 있다는 독단적 사고와 한 개인을 계몽의 대상으로 내리 깔보는 시혜적인 태도야말로 악플러들의 행동을 부추기는 것이다. 그것이 '정당한 비판'으로서 행해지려면 복합적인 동기를 가진 한 개인을 손쉽게 어떤 사회구조의 희생양이거나 가해자의 전형으로 보는 반지성적인 습관부터 버려야 한다. 이 경우에도 (언제나 그랬듯이) 사회에 대한 비판을 빌미로 한 개인에게 자신이 평소 혐오했던 이미지를 투사한 것에 지나지 않았다.

마지막으로《스시녀와 김치남》이라는 일상 웹툰을 그린 사야카라는 아마추어 웹툰 작가를 둘러싼 시비가 있었다. '스시녀'와 '김치남'은 각각 인터넷 상에서 일본 여성과 한국 남성을 의미

---

66 http://megalian.net/free/119443 추천 5 비추천 6

67 대표적으로 yes24에 게재된 칼럼 〈생활툰의 연애, 한없이 현실에 가까운 허구〉 참조. http://ch.yes24.com/Article/View/30442

하는 은어이지만, 작품 자체는 일본 여성과 한국 남성의 일상적인 결혼생활의 소소한 모습을 그리고 있을 뿐 남녀 갈등의 소지가 있는 에피소드는 거의 없다. 그러나 해당 작품 12화에서 작가가 마트에서 생각보다 장을 많이 보자 무거운 짐을 남편 대신 들며 "여자도 힘이 있습니다"라는 대사를 하는 장면이 문제였다. 이 작품을 계기로 작가는 사이버테러를 당했다.

작가는 활동하던 한 카페에서 "일본 여자에 대한 애교는 정신병이다" "한국 남자의 입맛에 맞춰 그림을 그린다" 그리고 심지어 "노예 짓, 창× 짓 하지 말라"라는 내용 등의 1000개가 넘는 쪽지글을 받았다며 고충을 토로했다.[68] 변호사의 전언에 따르면 상당수가 작가의 국적을 걸고넘어진 막말이었다고 한다. 작가에 대한 반감과 반일 감정이 뒤섞인 사이버테러였던 셈이다. 이같은 작가 개인에 대한 테러를 모의한 집단이 어디인지는 현재까지 불명이지만 이 사건이 공론화된 이후 여성시대에서 일부 회원들은 '남편을 왕처럼 대해야 자신도 왕비가 된다'라는 사야카의 인생관을 트집잡으며 "시녀" "종년 노릇" "명자(명예자지)" "댁 나라로 돌아가세요" 등등 작가를 조롱하는 댓글들을 달았다. 이것은 명백한 사이버테러다. 메갈리아의 일부 유저들은 이 쪽지 테러 사건이 일베에서 시작된 사건이라고 주장했으나 (필자 역시 그렇게 믿고 싶음에도 불구하고) 이렇다 할 근거가 없는 주장이다.[69] 아무튼 이

68　'사야랑 일본어' 네이버 카페 자유게시판, '저를 비판하는 쪽지에 대한 저의 답장입니다' 참조.

사건 역시 누군가 평소 혐오하던 이미지를 작가에게 투사한 마녀사냥이었다.

　　물론 인터넷 마녀사냥이 항상 그럴듯한 대의명분을 내세우는 것만은 아니다. 그 누구라도 인터넷 상에서 주목을 받으면 별 이유 없이 마녀사냥의 대상이 될 수 있다. 일례로 한 유명 아프리카 게임방송 BJ의 경우 게임 상에 등장하는 여성 NPCNon-Player-Character에 대해 '아줌마'라는 표현을 썼다는 이유로 트위터 상에서 여성혐오주의자로 몰리며 마녀사냥을 당했다. 이에 해당 BJ는 '평소 게임 내의 NPC에 대해 아줌마, 아저씨라고 불렀다'라고 반론했지만 요령부득이었다. 한편 메갈리아의 파생 사이트인 '워마드' 트위터 계정은 논란을 거들며 BJ에게 욕을 퍼부었다. 문제의 게임방송 BJ의 아내를 거론하며 "××님 조심하세요 저거 ⒝J) 좆뱀임"이라는 조롱 섞인 욕설을 내뱉은 것이다. 여기서 '좆뱀'이란 꽃뱀의 남성명사다.

　　이처럼 '인터넷 마녀사냥'은 그 대상과 방법에서 매우 다양하고 역사가 오래된, 일베식 '묻지 마 백색테러'와는 별도로 구분되어야 할 유형의 사이버테러다. 앞서 보았듯이 특정인을 겨냥한 인터넷 마녀사냥은, 정치적인 폭력에 비유하자면 (특정 정체성을 가졌다는 이유만으로 불특정 다수에게 무차별적인 폭력을 저지르는) 백색테러보다는 이런저런 대의명분을 내건 적색테러에 유형적으로 더

69　　http://www.megalian.com/free/373730 추천 87 비추천 0

게임방송 BJ를 대상으로 한 욕설 발언(위)과 여초 커뮤니티에서의 여성 웹툰 작가 대상의 비방 글(아래).

가깝다. 그러나 적색테러의 대의명분은 사실상 겉치레에 불과했으며, 인터넷 마녀사냥도 마찬가지다.

외부의 관찰자들이 애초에 그것을 '테러'라고 인지하기 어려운 것은 논란이 일어난 후에 논란을 추동했던 최초의 이유는 은폐되고 이미 논란 자체가 '공익'으로 포장되기 때문이다. 이제까지 살펴보았듯이 류준열 마녀사냥의 경우는 반일베 캠페인을 명분으로 내세웠고, 아이유의 경우에도 소아성애·아동성범죄 반대 캠페인을 내세웠으며, 웹툰 작가들에 대한 다수의 마녀사냥 역시 여성혐오 반대라는 명분으로 포장되었다. 그러나 실제 동기는 연예인에 대한 외모 비하와 팬들 간의 경쟁심, 안티 정서 그리고 상대적으로 만만한 개인에 대한 혐오감과 피해의식의 '투사projection'였다.

이처럼 공익으로 포장된 마녀사냥이 더 심각한 문제인 이유는 그것이 대외적으로는 차별 반대, 혐오 반대를 내세우면서도 내부적으로는 차별과 혐오를 재생산하고 있다는 점이다. 일부 연예인은 소속사의 법률적인 지원과 본인의 멘탈로 의연하게 잘 대처했지만, 이들과 다른 일반인(상대적으로 무명에 가까운 웹툰 작가들이 여기에 해당한다)은 속수무책으로 당할 수밖에 없다.

마오쩌둥이 1968년 홍위병들에게 보낸 공개 서한에서 "모든 반란에는 이유가 있다造反有理"라고 화답한 이후 일상의 모든 악습과 구습을 타파하자는 문화대혁명이 본격적으로 전개되었다. 하지만 정작 인민재판과 자아비판의 봇물 속에서 피해를 입은 절대 다수는 마오쩌둥과 권력 다툼을 벌이던 중국공산당 고위 간부들이 아니라 교사와 예술가 그리고 몰락 지주와 같은 별 볼일 없는 사람들이었다. "모든 남혐에는 이유가 있다"라며 마녀사냥의 피해자들에 대한 공감을 외면하는 사람들 역시 이러한 인터넷 마오주의Maoism의 계승자다. 물론 그들이 공감하는 대상은 어디까지나 스스로를 약자화·피해자화하는 자기 자신의 거울 이미지이며, 타인에 대한 그들의 공감 능력은 자기연민에 불과하다.

메갈리아/워마드의 사건사고

메갈리아와 워마드 등의 남성혐오 사이트에 단지 도덕적 정당화를 동반하는 마녀사냥만 있는 것은 아니다. 밑도 끝도 없이 자행되는 '일베판 백색테러'도 존재한다. 이제는 독자들이 질리도록 들었겠지만, 그들은 남성혐오 발언을 '여혐혐' 혹은 '미러링'이라는 명분으로 정당화한다. 그러나 내부 실상은 전혀 다르다. 남성혐오에 대한 정당화가 더 이상 필요하지 않다는 냉소적인 발언은 매우 일찍부터 나왔다.

"이제는 내가 한남충 혐오하는 이유도 까먹었다. 이유 필요하냐 이기. 걍 보지가 재밌다면 하는 거지."[70]

메갈리아가 생성된 초창기인 2015년 8월부터 이런 말이 나오고 있었다. 다른 회원은 "메갤이 점점 여혐혐이 아니라 남혐 같다는 소리가 나온다고 하는데 존나 그래서 뭐 어쩌라는 거?"[71]라며 냉소하고 있다. 사정이 이러함에도 이후 1년 가까이의 시점까지 일부 페미니스트들은 순진하게도 '남성혐오는 없다'라고 주장하고 있다. 그런데 정작 메갈리아 유저들은 초기부터 '남성혐오'라는 명명을 당당하게 사용하고 있었다. 전면에는 사회적 대의명분을 내세우지만 내부에서는 혐오 발언을 즐기는 이러한 냉소적 태도야말로 메갈리아식 문화혁명(?)의 본질이다.

70   http://megalian.com/free/368107 추천 25 비추천 0
71   http://megalian.com/free/71572 추천 183 비추천 0

그러나 이제부터 다룰 내용은 '남성혐오' 자체가 아니다. 남성혐오에서 비롯된 '범죄모방' 및 '범죄모의'의 성격을 띠는 게시물, 심각한 '생명 경시' 발언 그리고 '소수자·약자 차별'을 다룰 것이다. 인터넷 상에서 여성혐오 발언이 일상적으로 이루어진 것은 사실이므로 여기서는 '김치남' '한남충' '6.9' 등 단순 미러링 용어는 문제 삼지 않을 것이다. (일베를 제외하더라도) 디시인사이드의 주식갤러리, 야구갤러리 등을 비롯한 다수의 남초 커뮤니티에서 지금까지도 한국 여성을 '김치녀'라고 싸잡아 비난하는 관행에 비추어보면, 여초 커뮤니티에서 한국 남성 일부를 '한남충'이라고 부르는 것은 일종의 정당방위라고 볼 수도 있다. 그러나 용어상의 미러링이 자기 목적화되어서 윤리적 금기를 넘으면 그것은 더 이상 미러링이 아니라 범죄가 된다.

혹자는 가끔 기사화되었던 메갈리아/워마드 내부의 사건사고들이 익명의 대중이 이용하는 커뮤니티이기 때문에 간혹 일어나는 불미스런 일에 불과하며 메갈리아/워마드의 경향 전체를 대표하는 것이 아니라고 변론한다. 그러나 이는 다음과 같은 견지에서 반박할 수 있다.

첫째, 언론에 보도되지 않은 범죄모방과 범죄모의 사례들이 무수히 많다.

둘째, 각자의 취미와 관심사를 중심으로 화제를 나누다가 간헐적으로 남성혐오 발언이 등장하는 여성시대나 삼국카페(소울드레서, 화장발, 쌍화차코코아) 같은 일반 여초 커뮤니티와 달리 메갈리아/워마드는 그 정체성과 존재 목적 자체가 반사회적 혐오 발언에 있다.

셋째, 이제부터 소개할 논란이 된 게시물들에 대한 커뮤니티 내부의 자성의 기미가 없으며 오히려 동조하는 댓글과 높은 추천 수(메넘글 추천 혹은 워추)를 동반한다. 특히 커뮤니티 내부의 분위기에 대한 이의 제기가 이루어지면 같은 여성이라 해도 '6.9' '명자(명예자지)' 혹은 '흉자(흉내 자지)'라는 딱지가 붙는 등 내부 비판의 여지를 허용하지 않는 점이 메갈리아/워마드의 특징이다.

1. 신체 훼손 등의 혐오 자료

얼마 전 불법 몰래카메라나 연인 사이에서 유출된 리벤지 포르노 등이 버젓이 유통되던 불법 성인 사이트 '소라넷'(최근 폐쇄되었다)이 여성범죄의 온상이라며 이슈화된 적이 있다. 그런데 메갈리아 내부에서는 이에 대한 '미러링'이라는 명분으로 게이 포르노와 남성을 대상으로 한 몰카가 공유되었다. 문제는 이에 그치지 않고 사고나 성병 혹은 범죄에 의해 남자의 성기가 훼손당한 고어 사진들이 '자지커팅'이라는 이름 아래 커뮤니티 내부에서 공유되었다는 사실이다. 이 용어의 어원은 과거 일부 여초 커뮤니티 내부에서 공유된 '비더고자' '컷더부랄' '번더곤휴' 등의 은어에서 찾아볼 수 있다. 보통은 옛 남친을 흉보거나 성범죄자들을 비난하는 맥락에서 사용된 단어였다. 그런데 이것이 메갈리아에서는 혐오 사진 유행으로 번진 것이다.

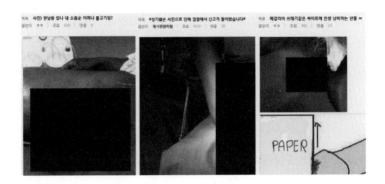

메갈리아에서 공유된 '자지커팅' 자료들.

게시판에 부패한 시체나 배설물 등의 혐오 사진을 올리는
관행의 기원은 디시인사이드의 일부 유저들이 새벽 등 게시판 관
리가 느슨한 틈을 타 게시판을 테러하던 일로 거슬러 올라간다.
그러나 이것은 어디까지나 불쾌감 유발을 목적으로 했던 것이다.
이와 달리 메갈리아에서 '자지커팅'은 더 공개적으로 공유되었고
재미로 받아들여졌다. 가령 성기가 실물로 절단된 사진에 "마음이
정화된다" "실좆은 감정이입도 안 되겠다"와 같은 재밌어하는 반
응 일색이다. 심지어는 이 같은 자료들을 구할 수 있는 비법이 커
뮤니티 내부에서 공유되었다.

　단순히 재미뿐 아니라 '어디까지나 남초에 대한 미러링'이
라는 정당화(도대체 어디에서 신체 훼손 사진이 공개적인 유행이 되었다
는 것인지 모르겠지만)가 수반되었던 이 같은 '자지커팅' 사진 유행
은 검색 결과 2015년 10월경에서 12월까지 성행했던 것으로 보인

다. 한편 외부의 문제 제기와 방송통신심의위원회에 신고가 된 이후 대부분의 자료들은 삭제되었으나, 11월 말 관련 공지가 올라온 이후에도 버젓이 '자지커팅' 자료들이 올라왔다는 것을 확인할 수 있다. 상당수 자료들은 archive.is[72]와 같은 해외 아카이빙 서버에 고스란히 박제되어 있으며, 제보를 받고 필자가 확인한 자료만 해도 40여 개에 달한다. 자지커팅 짤이 한두 개가 아닌 수십 개가 게시되는 등 이 유행이 사이트의 존립 자체를 위협할 지경에 이르자 암묵적으로 이를 용인해왔던 운영자가 이를 삭제하는 방침으로 돌아선 것이다. 여기에 대해 많은 메갈 유저들이 '아쉬워하는' 반응을 찾아볼 수 있다. 이에 한 유저는 이것을 내버려두면 사이트의 존립이 어려워지므로 전략적인 판단을 하자고 제안한다.

"진심 자지 사진만 빼면 메갈 태클 걸 일 없잖아. 그거라면 그냥 유게(유료게시판)에 올려놓고 우리끼리만 보고 자지커팅 짤이랑 성기 사진만 안 올리면 일베처럼 안 짤리고 길게 갈 수 있겠네. 미래를 위해서 그 정도는 잃을 수 있다고 봄."[73]

여기서 볼 수 있듯이 자지커팅 사진 자체에 대한 문제의식보다는 외부의 위협에 대한 대응의 일환으로 문제에 접근하고 있었다. 이에 대해 유저들은 "왜 자제해야 하는지 모르겠는 부분 ㅇㅅㅇ" "자지컷팅 짤은 지키자"라며 아쉬워하는 반응이다. 한편 이러한

---

72   개인이 설립한 디지털 타임캡슐 사이트로, 데이터 서버는 프랑스 노르파드칼레에 있다.

73   http://megalian.com/free/366884 추천 16 비추천 20

'자지커팅'을 콘셉트로 한 어느 트위터 유저의 배경사진.

자지커팅 자료는 외부 커뮤니티에서도 유행하여 위와 같이 트위터 배경사진에 자지커팅을 묘사한 그림을 올려놓은 경우를 볼 수 있다.

2. 생명 경시 발언

신체 훼손 짤방(이미지)을 재미로 받아들인다는 것은 일단 폭력을 당하는 객체에 대한 최소한의 공감 능력을 잃었을 때에야 비로소 벌어지는 현상이다. 이것은 그만큼 일상의 혐오와 분노가 축적되었다는 징후이기도 하다.

한편 '편견'―'편견의 행위'―'차별'―'폭력'―'제노사이드'로 이어지는 이른바 '혐오의 피라미드Pyramid of Hate'[74]라는 개념이 있다. 일상의 혐오 발언들이 쌓이고 쌓일 때 그것이 실제 범죄와 제노사이드(대량학살)로 이어질 위험성을 경고한 용어다. 그런 의미에서 많은 인권학자들은 일상의 혐오·발언을 이 같은 '혐오의 피라미드'의 일부로 설명한다. 실제로 그동안 인터넷 상에서 유행한 여성혐오 발언도 상당수가 폭행과 살해 협박 등의 범죄 예고를 동반했다. PC통신 시절에도 이미 '군복무가산점제도'를 폐지한 원흉으로 지목된 이화여대를 상대로 다음과 같은 발언이 행해졌는데, 이는 학살마저도 암시한다는 점에서 혐오의 피라미드 구조를 보여주는 전형적인 사례라고 하겠다.

"정말… 이대에다 네이팜탄 등 각종 폭탄, 포탄, 총탄이라도 퍼부어주고 싶다. 이대생의 표본을 하나 잘 알고 있다. 친한 친구의 여동생인데 패션이나 유행에 굉장히 민감하다. 일본 패션잡지 엄청 좋아한다. 책값보단 화장품값이 훨씬 많이 들어간다. 사랑이니 하면서 남자 사냥하길 즐긴다. 꼴에 남자측 학력 엄청 따진다. 타 여대 폄하하고 이대가 굉장한 명문인 줄 착각한다. 군인을 군바리로만 보고 바퀴벌레보다 더 싫어한다. 이대생들은 여성들을 말아먹는 존재다. 전쟁 나면 먼저 이대를 융단폭격하고 1개 사단 정도 학교 안에다 풀어서 맘껏…. 이대. 지진이라도 나서 폭삭~ 땅속으로 꺼져다오."[75]

---

74   브라이언 레빈이라는 스탠퍼드 대학교 범죄학 교수가 제안한 개념이다. 일상의 혐오 발언이 축적될 때 그것이 증오범죄로 이어질 위험성을 경고한 증오범죄 연구로 유명하다.

75   〈PC통신에서 일어난 집단테러 : 이화여대 죽이기〉, 《여성동아》, 2000년 2월호. http://www.donga.com/docs/magazine/woman_donga/200002/wd2000020230. html

여성혐오 발언은 한참 전에 이미 위험 수준을 넘었다. 지금도 디시인사이드와 일부 남초 커뮤니티 및 포털 뉴스 댓글들만 봐도 여전히 여성혐오 발언이 일상적으로 행해지고 있다. 한편 2016년 한국 사회를 충격에 빠뜨린 강남역에서의 여성 대상 살인 사건의 경우 (수사 결과에 따르면) 직접적인 원인은 '피해망상'을 동반한 정신분열증이었지만[76] 일상에서 축적된 여성혐오 발언이 이 같은 폭력을 사회적으로 더욱 부추긴 것이 아니냐는 분석이 제기되기도 했다.

한편 일본에서 '재일조선인들의 특권을 반대하는 시민 모임'이라는 일명 '재특회'라는 단체도 재일조선인을 상대로 잇단 생명 경시 발언을 쏟아내 물의를 빚었다. 이들이 주최한 집회에서 "한국인을 비틀어 죽여라" "바퀴벌레다" "난징 학살보다 더한 츠루하시 대학살을 일으키겠다"라는 발언이 잇달았다.[77] 그런데 이 중에서도 특히 '대학살'을 저지를 것이라는 말이 재특회의 조직원이 아닌 한 여중생 소녀의 입에서 나왔다는 것이 일본 사회에 큰 충격을 주었다. 이것은 재일조선인과 별 다른 이해관계가 없는 소녀에게도 혐오 발언이 전염성을 갖는다는 사실을 인상적으로 보여준다.

이 같은 증오범죄의 '전염성'을 메갈리아 사이트 내에서도 얼마든지 관찰할 수 있다. 몇 가지만 시간 순으로 추려보자. 메갈

---

76   CBS 김현정의 뉴스쇼, 〈강남역 프로파일러 "조현병도 체계적 범행은 가능"〉 참조.
77   모로오카 야스코, 조승미/이혜진 역, 《증오하는 입》, 오월의봄, 2015, 32~34쪽 참조.

리아가 생성된 초창기부터 "한남충을 삼초에 한 번 패자"라는 비교적 온건한(?) 공격 발언을 넘어서서(일베에서도 마찬가지로 여자는 삼일에 한 번 패야 한다는 '삼일한' 발언이 유행했다) "씹치남은 죽어야 한다"로 그리고 더 나아가 전 세계 씹치남을 대량학살해야 한다는 식으로 그 강도가 상승했다.

2015년 9월 21일 한 유저는 "한국남자들 칼로 찔러죽이고 싶다"[78]라는 발언을 했고, 9월 23일에는 "이태원 살인사건 통쾌한 것은 나뿐이냐?"[79]라는 극언이 있었다. 2015년 9월 29일에는 한 유저가 20~30대 남성의 자살이 늘었다는 통계를 가져오며 "스스로 사라지는 것이야말로 인류 최고의 미더덕(작은 성기를 놀리는 말)"이라고 말하자 댓글로 "죽은 한남은 좋은 한남 어서 재기하라 이기야! 멸종되는 그날까지"라는 호응이 뒤따르고 있다. 추천 204에 비추천 0이다. 여기서 '재기하라'는 남성연대라는 단체를 만들어 남성 역차별론을 제기해왔던 성재기라는 자칭 남성 인권 활동가가 한강에 투신한 사건에 빗댄 '자살하라'는 의미다. 일베에서 이에 상응하는 말은 고 노무현 대통령의 자살을 빗댄 '운지'라는 말이다.

이어서 2015년 10월 9일에 "좋은 한남충은 죽은 한남충뿐이다"라는 글이 올라온다.[80] 2015년 12월경에 올라온 "한국 남자

78   http://megalian.net/free/160720 추천 24 비추천 1
79   http://archive.fo/AdPLs 추천 10 비추천 9
80   http://megalian.com/free/201027 추천 18 비추천 0

20~30대 남성의 자살이 늘었다는 뉴스에 기쁨을 표하는 메갈리아 유저들.

들 고통스럽게 죽이고 싶다"라는 글은 "한국 남자들 물에 빠뜨려서 서서히 숨 막히게 해서 죽이고 싶다"에서 시작해 "불알을 쇠파이프로 내려치고 싶다" "내장 터져서 흘러내리는 거 감상하고 싶다"까지 21가지 방법으로 남성을 고문하고 살해하고 싶다는 내용이다.[81]

이 같은 벌언의 강도가 점점 격화되어 12월 말에는 "전 세계 자지 다 죽이면 사회문제 95퍼센트가 해결된다"라는 제노사이

---

81   http://archive.is/9BsEC 추천 29 비추천 0

드 옹호성 발언이 나왔다.[82] 다른 유저는 "박근혜가 지지율 올릴 수 있는 방법"[83]으로 "1.자지슈비츠를 만든다. 2.남자들은 평생 자지슈비츠에 가두어 두고 공사일 같은 힘든 일들은 남자가 하게 하다가 기계를 발명해서 그 일들에서도 남자들을 쫓아낸다"라는 것을 제안하고 있다. 2015년 9월에도 이미 "씹치에 한해서 히틀러가 되고 싶다. 싹 다 잡아서 대머리로 빡빡 밀고 전신 털도 다 빡빡 밀어서 죄수복 입히고 아우슈비츠에 처넣고 싶다"[84]라는 발언이 나왔다. '때린다' '죽인다'에서 '인종청소'와 '학살'을 옹호하는 발언으로 그 강도가 상승한 것이다.

이 같은 인종청소 두둔 발언으로까지 이어진 생명 경시 발언은 오프라인 상의 폭력과 충돌로 이어질 가능성이 농후하다. 범죄학 교수 브라이언 레빈은 "혐오 발언은 그 자체가 언어폭력인 동시에 물리적 폭력을 유인한다는 점에서 단순한 표현을 넘어서는 위험이 있다"라고 지적했다.[85]

메갈리아의 파생 사이트인 워마드에서 주최한 강남역 10번 출구 추모 시위에서 있었던 일련의 폭력 사태도 커뮤니티 내부의 혐오 발언의 위험성을 보여준다. 2016년 5월 강남역 10번 출구 시위 현장에서 강남역 살인사건이 '여성혐오 범죄'라고 주장

---

82   http://www.megalian.com/free/365735 추천 141 비추천 0
83   http://megalian.net/free/244686 추천 8 비추천 0
84   http://www.megalian.com/free/93152 추천 24 비추천 1
85   모로오카 야스코, 조승미/이혜진 역, 《증오하는 입》, 오월의봄, 2015, 76쪽.

하는 시위대의 의견과 다르다는 이유로 상대방에게 '재기해(자살해)'를 단체로 외치는 사건이 벌어졌다.[86] 같은 날 핑크 코끼리 탈을 쓴 채 '더 안전한 대한민국 남여 함께 만들어요'라는 피켓을 들고 나타난 한 일베 회원의 탈을 참가자들이 강제로 벗기려 하고 발로 차는 폭행사건이 일어났다. 또한 한 여성이 "남혐, 여혐 싫어요!"라는 피켓을 든 여중생의 머리채를 잡고 때리는 일이 발생하기도 했다.[87] 이들 폭행사건의 가해자 모두 '조선인 츠루하시 대학살' 발언을 한 일본 여중생의 경우처럼 메갈리아/워마드가 유포한 혐오 발언이 부추긴 폭력 정서에 감염된 것이다.

나아가 메갈리아에서 간혹 있었던 남성 대량학살 옹호 발언은 이후 워마드 트위터 계정에서 "내 꿈은 나치 같은 남혐러다이기"라는 발언으로 이어져 논란이 되었다. 2016년 5월 22일의 일이다. 그 직전에도 해당 계정은 강남역 살인사건을 염두에 두며 "더 이상 안 되겠다. 우리 키보드로만 미러링 하지 말고 30cm 칼들고 남자 화장실에서 대기했다가 남자만 있을 때 배때지에 칼 좀 담궈줍시다"라는 발언으로 논란을 일으켰다. 해당 트위터 계정은 논란을 의식한 듯 2016년 6월 현재 "이 계정이 워마드의 의견을 대표하지 않음"이라는 상태 창을 띄워두고 있다.

---

86   〈"재기해(자살해)" 외치는 강남역 여성들 영상 시끌… 페북지기 초이스〉, 《국민일보》, 2016.5.22. http://news.kmib.co.kr/article/view.asp?arcid=0010636155&code=61121211&sid1=soc

87   〈강남역 10번 출구 '핑크 코끼리' 폭행사건 수사 착수〉, 연합뉴스, 2016.5.23.

한편 워마드 카페에는 여성의 심볼 '우'에 나치의 상징 하켄크로이츠를 합성한 깃발의 게시글을 올리며 이에 경의를 표하는 댓글을 자주 볼 수 있다. 워마드 카페에 올라온 페미나치 선언문에 따르면 자신들의 방향성을 "진정한 페미나치 사이트로 거듭나 열등 씹치(남성) 좆불알을 뜯어내 폭파시켜버리고, 자종 명자(명예자지, 즉 자신과 견해가 다른 여성)의 에어좆과 뒤통수치는 똥꼬충(남성 성소수자)의 항문을 찢어발기고 진정한 페미나치 정권을 세워 취향 맞춤 생체애완딜도를 모든 보지에게 무.상으로 공급하는 것이다"[88]라고 말하고 있다. 또한 워마드에 올라온 단어사전에는 '펄-럭'이라는 은어에 대해 다음과 같이 설명한다.

"나치 전범기에 여성 상징 기호가 합쳐진 페미나치 깃발이 나부끼는 모양. 남성 프레임에 얽매이지 않고 당당히 남혐(남성혐오)하는 것에 대한 자긍심의 표현."[89]

워마드의 나치 모방은 여성 주체의 범죄를 찬양하는 글에서도 엿볼 수 있다. 예를 들어 2015년 4월 4일 한 워마드 유저는 관악경찰서에서 경찰관에게 황산 테러를 저지른 여성 가해자를 '머모님(대모님)'이라고 찬양하면서, 나치의 상징 하켄크로이츠를 女로 바꿔놓은 깃발에 경례를 하는 캐릭터를 게시했다. 하지만 나치는 인종의 순수성 보호를 명목으로 점령지의 여성들에게 강제 불임수술을 시키거나, 심지어 병력이 있는 자국의 여성들에게까

---

88   http://cafe.daum.net/womadic/g5PJ/381

89   http://cafe.daum.net/womadic/cVrk/105554

?_? 워마드가 언제부터 패미니스트였노? 금시
초문이다 이기야 ㅇㅂㅇ)?? 제가 페미니스트입
니까 윔련들? 내꿈은 나치같은 남혐러다 이기

더이상 안 되겠다 우리 키보드로만 미러링 하지
말고 30cm 칼 들고 남자화장실에서 대기했다가
여자는 그 자리에 없고 남자만 있을 때 배때지에
칼 좀 담궈줍시다 예? 이래야 진정한 미러링 아
니겠노?

워마드는 페미니스트가 아닌 나치와 유사한 남성혐오 집단이라는 워마드 트위터 계정의
주장.

지도 강제 불임수술, 강제 낙태를 저지른 역사가 있다. 물론 일부
워마드 유저와 그 옹호자들은 나치를 모방하는 행위를 일부 남성
들이 자신들을 '페미나치'로 비난해온 것에 대한 '미러링'에 불과
하다고 항변한다.

3. 범죄모방 및 범죄모의

한편 메갈리아에서는 몰래카메라와 음란물을 공유하는 관
행도 있었다. 이것 역시 메갈리아 내부에서는 남초 커뮤니티에 대
한 '미러링'이라는 명분으로 정당화되었다. 실제로 다수의 남초
커뮤니티에서는 야동(야한 동영상)이나 쩡(야한 만화)의 품번이나
제목을 공유하는 문화가 있다. 또한 일베에서 여성의 몸을 몰래
도촬한 사진을 회원들과 공유하는 사건이 터져서 사회적 논란으
로 비화된 적도 있다. 나아가 여러 여성 커뮤니티들이 대외적으로

폐쇄 운동을 벌인 '소라넷'에서는 그보다 더 수위가 높은 동영상과 사진을 공유하곤 했는데, 해당 사이트에서는 회원들끼리 자신의 연인이나 부인 혹은 친구를 대상으로 당사자의 동의 없이 나체 사진을 올리며 성범죄를 모의하는 글까지 올라온 일이 있었다. 특히 2015년 8월경에는 워터파크 몰카가 유출되어 몰카 범죄에 대한 사회적 경각심이 일었다.

한편 메갈리아에서도 남성 대상의 몰카와 포르노가 공유되었다. 2015년 10월 10일 한 메갈리안은 화장실과 샤워실 등에서의 남성을 대상으로 한 다수의 몰카의 실제 캡처 장면을 올리며 "한남충도 딸감으로 도촬당하고 있었다"라고 보고한다.[90] 게시물을 최초에 올릴 당시에는 글쓴이가 몰카를 퍼온 사이트 주소가 고스란히 노출되어 있었다. 이 사진들에 대해 올린이는 "게이 형님들은 나노좆 귀여워서 좋아하니까 괜찮을 거라고 생각한다. 대물 게이 형님들께서는 나노좆들이 전립선이 크니까 잘 앙앙거릴 거라고 번데기가 물뿜는 거 보면서 자지 발딱발딱 하시고 있음ㅋㅋ"이라는 감상을 남기고 있다. 해당 글은 메넘글 추천 581에 비추천 2를 기록하고 있다.

다른 메갈리아 유저는 10월 29일에 "이태원 클럽 화장실에서 골뱅이"라는 글을 올리며 "단톡이랑 유게(유료게시판)에 푼다"[91]라는 말을 남겼다. 이에 덧붙여 "몰카가 만연한 대한민국 남자는

90   http://megalian.net/free/202613
91   http://megalian.com/free/249774

지들이 피해자가 아닐 거라는 착각"에서 벗어나야 한다고 주장했다. 이 글은 메념글 추천 396에 비추천 1을 기록하고 있다.

　이외에도 올라온 다수의 남성 대상 몰래카메라와 게이 포르노가 외부에서 논란이 되자 커뮤니티 내부에서는 '게이 성님들이 올린 것을 퍼온 것뿐이다'라며 문제될 것이 없다는 반응을 보였다. 즉 자신들이 몰카 범죄의 주체가 아니기 때문에 몰래카메라와 신상 유출 사진들은 문제가 없다는 논리로 모방범죄를 정당화한 것이다. 실제로 메갈리아 유저들이 공유한 몰카와 포르노의 상당수는 해외 포르노 사이트에서 유출된 것으로 보인다. 앞선 유저는 "몰카 피라미드의 최정점에 위치하고 있는 게이 성님들"이라고 낄낄댄다. 게이들이 자신들을 대리해서 '복수'를 해주었다는 심리가 밑바탕에 있는 것이다. 어떤 유저는 '자적자(자지의 적은 자지)'라며 통쾌하다는 반응을 남겼다. 이는 남초 커뮤니티에서 유행했던 '보적보(보지의 적은 보지)'의 패러디다.

　더 나아가 2015년 말에 한 메갈리아 유저가 얼굴이 드러난 남성의 전라 사진을 올리며 "전신 좆짤 누가 이 짤 신상 좀 털어봐라 궁금하다 이기"라며 신상털기를 유도했다. 댓글에는 유출 피해자에게 "너무 작노. 저래가 세상 우째 살아가노" 등의 조롱 댓글이 이어졌다. 다른 유저는 댓글에 "근데 들킬 확률은 거의 없을듯 설마 여기에 짤 올릴 줄은 모를 테고 짤이 퍼질 일도 없을 테고"라고 말하며 유저들을 안심(?)시키고 있다. 추천수 9에 비추천 1이고, 자제를 요구하는 댓글은 단 한 개도 없다. 다행히 해당 게시물은 삭제되었지만, 이외에도 운영진이 삭제하거나 외부에서 신고하기 이전에 일정 기간을 두고 자진 삭제하는 방식을 통해 몰카 포르노의 일부 장면을 공유하는 일들이 메갈리아에서 반복되었다. 불행하게도 이러한 수법은 archive.is라는 해외 사이트에 고스란히 박제되어 있다.

당시는 대외적으로 소라넷 폐쇄 운동과 몰카 근절 캠페인이 한창이었다. 하지만 이를 비웃기라도 하듯 소라넷도 미러링을 하자는 논의가 메갈리아에서 공유되었다. 2015년 11월에 한 유저는 "우리도 (소라넷처럼) 해외 서버 파서 자지 평가 할 수 있는 거 아님??? 모양 와꾸 탄력도 오줌빨 색깔 발기각 등등 평가"[92]하자고 제안하자 234개의 추천과 비추천 0과 함께 환영 댓글이 잇달았다. "저번에 해외 서버 하나 파서 다 같이 씹치남 신상 다 까고 섹스 테크닉 평가하자던 메갈련 있었는데 서버 만들 수 있으면 게시판 여러 개 파서 저런 것도 하나 있으면 재밌을 것 같노"라는 비교적 구체적인 의견도 제시되었다.

또한 소라넷을 의식하며 소라넷의 말투와 글을 흉내 내는 게시물도 다수 게재되었다. 이른바 '초대녀 모집 글'을 올린 한 회원은 "지금 고삼 아다 골뱅이 만들어놨는데 돌려먹을 련 들어와라"[93]라는 제목의 글을 올리며, 술에 취한 여성에 대한 윤간을 모의하는 소라넷의 범죄모의를 흉내 내고 있다. 혹자는 메갈리아가

---

92   http://archive.is/zkQVX

93   http://megalian.net/free/257762

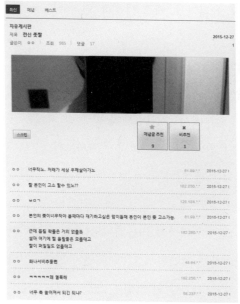

클럽 화장실에서 유출되었다는 남성 몰카를 공유하는 글(오른쪽)과 남성의 나체 사진을 유출하며 신상털기를 유도하는 글(왼쪽).

대외적으로 소라넷 폐쇄 등의 공익적 캠페인을 했다고 주장하지만, 내부에서는 오히려 소라넷의 행위를 모방하고 재밌어하는 언행이 잇달았다.

　　한편 메갈리아의 파생 사이트인 워마드에서는 약물 범죄 모의 글이 올라와 논란이 되었다. 해당 사이트는 직장에서 여성에게 커피를 타게 하는 직장 상사의 관행에 복수하기 위해 남성들에게 음료수에 피임약을 타서 먹였다는 경험담이 여러 차례 공유되었다. 피임약을 먹이는 것이 남성성을 제거하는 데 효과적이라는 것이다. 2016년 6월 3일 "워마드 바리스타가 알려주는 커피 타는 법"이라는 글에서는 '한남충'들에게 커피에 섞을 것으로 지사제,

변비약, 짝퉁 비아그라, 유리가루, 렌즈 세척액, 영구제모제 등을 추천하고 있다.

이러한 범죄모의 글들이 하나의 유행처럼 번져나가며 회원들 간에 더 효과적인 약물이 무엇이 있는지를 논의하는 일까지 벌어졌다. 해당 사건이 외부에서 논란이 되자 이 논란 자체를 비웃기라도 하듯 워마드 트위터 계정은 "피임약 커피보다 더 쉽게 한남들 남성성 재기시키는 법 있다"라며 모유 수유 촉진 허브티 상품을 소개하고 있다.

한편 6월 12일에는 더 나아가 자동차 부동액으로 쓰이는 에틸렌글리콜을 타 먹이자는 제안이 있었다. 해당 유저는 "진짜 한남 재기시켜도(죽게 해도) 죄책감 안 느낄 수 있는 년들은 자동차 부동액 먹여라"라고 권한 다음 그것을 구매하는 방법을 소개하고 있다.[94] 희석된 부동액을 1일 1회 5밀리리터씩 며칠에 걸쳐 투여하면 들키지 않을 것이라며 구체적인 비법 역시 알려주고 있다. 댓글들을 보면 "그거 많이 마셔도 늦게 효과 온다" "누구 먹이노ㅋㅋㅋㅋ" 등 만류하는 기색이 전혀 보이지 않는다. 사실 여부는 불명이지만 한 회원은 "야 부동액 진짜 뒤지는 것 맞냐? 삼일째 먹이고 있는데 좆나 한남 좆만큼 희석해서 그런가 반응이 없노"[95]라며 사용 후기를 전하고 있다. 이것을 다수의 네티즌이 검경에 제보하자 2016년 8월 초 경찰이 살인미수 혐의로 해당 워마드

94   http://cafe.daum.net/womadic/g5PJ/129

95   http://cafe.daum.net/womadic/cVrk/264890

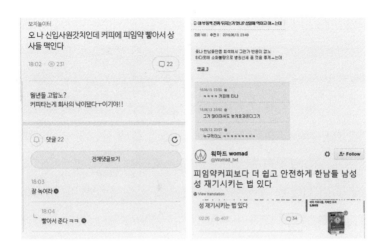

약물 관련 범죄모의 글 모음.

게시글에 대한 수사에 착수했다는 보도가 전해졌다.

　분명한 것은 이들 메갈리아/워마드 유저들 다수가 위와 같은 사회적인 윤리의식과 금기를 조롱하는 데서 짜릿한 정신적 쾌락을 느낀다는 사실이다. 가령 일부 메갈리아/워마드 유저들은 자신들이 막말을 하면 그것이 결국 외부에 유출될 것임을 미리 고려하고 있는 것으로 보인다. 실제로도 며칠 안 있어 그들의 (논란이 될 만한) 발언은 남초 커뮤니티들, 예컨대 디시인사이드의 여러 갤러리와 필자가 상주하는 루리웹 유머게시판 그리고 오늘의유머에도 소개가 된다. 앞서 이야기한 피임약이나 부동액 같은 물질을 음료수에 타서 먹인다는 범죄모의 글이 대표적이다. 그런데 그것이 논란이 된 이후에도 그것을 숨기거나 은폐하기는커녕 트위터의 워마드 계정처럼 비슷한 발언을 반복한다. 외부의 격앙된 반응을 미리 고려에 놓은 채 이를 조롱하는 데서 즐거움을 느끼는 것이다.

이와 비슷한 냉소적 태도의 원류는 물론 일베에서 찾아볼 수 있다. 가령 2014년 광화문에서 세월호 참사 진상 규명과 특별법 제정을 요구하며 단식 투쟁을 하는 세월호 유가족 앞에서 일베 회원들이 이른바 '폭식 투쟁'이라는 것을 벌인 바 있다. 일부 진보 언론들은 이것을 일본의 재특회나 유럽의 국민전선 같은 행동하는 젊은 극우의 등장이라며 호들갑을 떨며 보도했지만, 실제로는 그들이 무슨 정치 강령이나 정치적 목표를 실현하기 위해 그 같은 행동을 감행한 것이 아니었다. 그들은 단지 단식 투쟁을 하는 유가족들을 도발하고 사회적 금기를 위반하는 것이 즐겁기 때문에 그 같은 행위를 한 것이다.

앞서 이야기했듯이 그것은 놀이화된 백색테러다. 물론 놀이라고 해서 일베 유저들의 그러한 행동에 변호의 여지가 있는 것은 아니다. 오히려 목적이 결여되어 있기 때문에 더욱 더 반사회적 성향으로 기운다. 차라리 현실의 극우 정치세력은 다수의 표를 얻기 위해 제도적인 민주적 절차에 적응할 여지라도 있다. 극우 정당도 선거에 나가기 위해 자신들의 주장을 일정 부분 타협해서 점차적으로 주류 사회의 상식에 적응해 나갈 수 있기 때문이다. 그러나 일베와 같은 부류는 애초에 그 같은 현실적인 정치적 욕망조차 결여되어 있다는 점에서 갱생의 여지가 없다.

같은 이야기를 몰카·성범죄를 모방하는 글을 올리고 살인 모의를 연출하는 글을 지속적으로 커뮤니티에 올림으로써 상식적인 도덕규범을 공개적으로 조롱하는 메갈/워마드 유저들에 대해서도 할 수 있다. 일베가 놀이화된 백색테러라면, 메갈/워마드는 놀이화된 적색테러다. 이들에게 애국보수나 여성주의라는 대의는 맥거핀[96]에 불과하다.

4. 성소수자 및 약자 비하 : 워마드의 탄생

재일조선인에 대한 차별 반대 운동에 헌신한 변호사이자 인권 활동가인 모로오카 야스코는 '혐오 발언'과 '증오범죄' 모두 '소수자'에 대한 차별이며 공격이라고 정의 내리고 있다.[97] 이때 소수자란 ①수적으로 열세인 집단이고, ②비지배적인 입장에 있으며, ③다른 민족적·종교적·언어적 특징을 갖는 동시에 ④자기 문화·전통·종교·언어를 유지하는 자를 의미한다. 따라서 그는 (일본의 맥락에서 보자면) 주일 미군 병사에 대한 비난은 혐오 발언에 해당되지 않는다고 본다.

이 같은 정의를 따를 때 지금까지 소개한 메갈/워마드 내부의 일부 남성혐오 발언은 그 정도가 아무리 과격하다 해도 엄밀한 의미에서 혐오 발언이 아니라고 간주할 수 있다. 뒤집어 이야

---

96 소설이나 영화 등에서 줄거리에 중요하지 않은 것을 마치 중요한 것처럼 위장해서 관객의 주의를 끄는 일종의 트릭을 말한다.

97 모로오카 야스코, 조승미/이혜진 역, 《증오하는 입》, 오월의봄, 2015, 77쪽.

기하자면, 여태껏 소개한 메갈/워마드에 올라온 각종 반사회적인 게시물들은 오히려 이러한 진보적인 인권운동의 '상식'(약자·소수자들이라면 혐오 발언과 증오범죄를 저지를 리 없다)을 냉소적으로 이용하는 것이라고 볼 수 있다.

하지만 위와 같은 '혐오 발언' 및 '증오범죄'에 대한 엄격한 기준을 곧이곧대로 적용한다 해도, 메갈/워마드에서는 남성 일반을 대상으로 한 혐오 발언뿐 아니라 어린이, 장애인, 성소수자를 대상으로 한 혐오 발언, 나아가 증오범죄 선동까지 이루어졌다.

2015년 11월 27일 메갈리아에는 "페미니즘이 '장애인 인권' '동성애자 인권' 챙기면 좆망함"이라는 제목의 글이 올라왔다. 한마디로 장애인이라도, 게이라도 일단 남성이라면 한남충이므로 패야 마땅하는 논리의 글이었다. 사실 이 글 이전에도 게이에 대해서 '한남충이니까 패야 한다'라는 의견은 이미 자주 공유되고 있었다.

한편 해당 글은 2015년 말 메갈리아 사이트 내외부의 극심한 논란을 낳았다. 한 트위터 유저는 이 사태를 언급하며 "페미니즘이 여성 인권만 위하는 학문이라고 누가 그래요? 그리고 인권에 차등순위가 어딨나요. 그게 좆같아서 모인 사람들 아닌가요? 차별과 혐오가 싫어서 모인 사람들이 다른 약자에 대한 배려는 조금도 없네요"라고 비판하며, 많은 리트윗과 공감을 얻었다. 그때까지도 메갈리아가 '차별과 혐오가 싫어서 모인 사람들'이라고 순진하게 믿었던 사람들이 많았다는 방증이다.

남성 성소수자를 '똥꼬충'이라고 비하하는 발언은 디시인 사이드의 남초 갤러리와 일베에서 자주 있었지만, 같은 디시 내의 여초 갤인 해외연예인갤러리와 남자연예인갤러리에서도 이미 즐겨 사용되었다. 물론 메르스갤러리 점령 사건 이후 '똥꼬충'이라는 단어는 '후장'과 '에이즈'라는 단어를 비롯해 게이를 포함한 남성 일반을 비하하기 위한 목적으로 많이 사용되었다. 여초 커뮤니티인 소울드레서cafe.daum.net/SoulDresser 이용자는 "소울드레서에서 제일 주력으로 까는 게 이른바 한남게이입니다. '센조이' '뽈록이' '뒷보지' 등의 은어를 쓰며 게이 문화 전반에 대해 극도로 혐오하는 반응을 보입니다"라고 제보해왔다. 이처럼 게이에 대한 혐오 정서는 여초 커뮤니티에서도 낯선 것은 아니었다. 이후 메갈리아 운영진이 게이 비하 발언 금지 공지를 올리자 한 유저는 "디씨 밭에서 놀아서 그런지 똥꼬충 금지하니까 (메갈리아가) 뭐만 하면 경고 주는 인스티즈(여초 사이트) 같다"라고 놀라워하고 있다.[98] 성소수자 혐오 발언를 재미로 받아들이는 관행이 남녀 불문하고 디시인사이드를 비롯한 여러 커뮤니티에서 널리 공유되었다는 방증이다.

한편 논란의 와중에도 메갈리아의 다수 여론은 게이 혐오 발언을 하는 것이 무엇이 문제냐는 의견이었다. 오히려 게이들이 성정체성을 숨기고 여성들과 사기 결혼을 하며, 게이들이 여성혐

[98]   http://megalian.net/free/346868 추천 1 비추천 0

오가 오히려 더 심하다는 논리로 자신들의 주장을 정당화하기도 했다. 일례로 "게이 자지들은 피해의식에 여자 무시는 기본 장착되어 있음"[99] "엉덩이 골에 끼우면 후장까지 가기도 전에 딱 사이즈 맞을 놈들"[100] "한국 게이가 LGBT를 GLBT로 부른다"[101]는 등의 루머 및 비하 발언이 200~300개 이상의 높은 추천을 받고 있었다. 댓글도 "결국 한남충이다" "게이라도 한남충은 패야 하는 부분"이라는 호응 일색이다. 디시인사이드 메르스갤러리 내부의 반응도 "병×아 누가 메갤이 페미니즘이래? 썹치남 패는 사이트지" "게이 세계에 만연한 여혐 개그, 유부 게이들의 사기 결혼 반박 좀 해라. 게이들이 여성 인권을 위해 도와본 적 있냐?"등 대동소이하다.

이 같은 '똥꼬충' '에이즈충' 등의 게이 비하 용어에 문제 제기를 한 경우가 간혹 있었지만 (비추천과 신고가 쌓이면 내려지는) '6.9 주의보'가 발령되는 등 공감을 얻지 못했다. 11월 27일에서 12월 6일까지 메갈리아 내에서 관련 논란 글이 100여 개 이상 달리며 과열 양상이 되자, 메갈리아 운영진은 2015년 12월 6일 관련 비하 단어에 대한 언급 금지 공지를 올렸다.

이것이 도화선이 되어서 12월 6일부터 12월 말일까지 수백 개의 논란 글이 이어지며 집단반발 양상이 되었다. 대부분 '운영

---

99   http://www.megalian.com/free/318236 추천 226 비추천 4

100   http://archive.js/VMHn2 추천 308 비추천 3

101   http://www.megalian.com/free/319245 추천 857 비추천 8

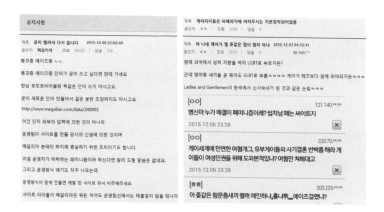

운영진의 게이 비하 발언 언급 금지 공지(왼쪽)와 메갈리아와 메르스갤러리 내부의 성소수자 혐오 발언들(오른쪽).

자가 허락한 페미니즘'[102]이라며 운영진의 방침에 반발했다. 더 강경한 일부 회원들은 게이들이 유부녀를 상대로 사기 결혼을 하고 미성년자 남성들과 바람을 피우는 부도덕한 집단이라며 이들을 채팅앱 등으로 유인한 뒤 주위에 아웃팅(성정체성을 외부에 알리는 것)을 하는 프로젝트를 제안하다가 더 큰 논란을 일으켰다. 실제로도 비밀게시판에서 회원들끼리 성소수자들의 카카오톡 프로필 사진을 아웃팅하는 사건이 있었다고 증언하는 회원도 있었다.[103]

---

102   '오빠가 허락한 페미니즘'이라는 말의 패러디로 보인다.

103   http://megalian.com/free/354836. "유게에 올라오는 남자 몰카며 신상 공개에 대해선 별 생각 없었다. 근데 이번 똥꼬충 논란 이후 몇몇 분탕 게이남들까지 신상 공개한 건 좀 심하다고 생각한다. 일반인 신상 공개와 성소수자 신상 공개는 좀 다른 개념 아닌가? 특히 몇 명은 여친이랑 찍은 카톡 프로필 사진도 있는데 그건 커밍아웃 안 했단 뜻이잖아. 결국 우리가 아웃팅시켰단 소린데 이건 좀 가혹한 처사 같다."

한편 게이 관련 논란은 12월 중순을 넘어 소강 사태에 이르렀고 운영진과 다수 회원은 결별의 수순을 밟게 된다. 미러링이라는 대의명분과 페미니즘의 이미지를 대외적으로 홍보했던 메갈리아 페이스북 페이지들도 잇달아 게이에 대한 비하 발언에 우려하는 입장을 냈지만, 이것이 실제 메갈리아 유저들의 밑바닥 정서를 대변하는 것은 아니었다. 한 메갈리아 회원은 씁쓸하게 지난 논란을 돌이켜보면서 "썹치남을 패기로 결심한 이상 우리는 PC함(정치적 올바름)에 대한 집착을 버려야 한다고 생각해"[104]라고 말했다. 다수의 회원들은 운영진 내부의 운동권 성향 의혹과 결부시키며 '운영진 중에 게이 운동권과 친한 것 아니냐'라는 의혹을 남기기도 했다.[105]

이처럼 운영진의 공지에 반발한 회원들은 2015년 12월 초 다음 카페에 '워마드woman+nomad'라는 커뮤니티를 만들기에 이른다. 해당 사이트는 2015년 12월의 '똥꼬충' 논란을 의식하기라도 한 듯 "이곳은 여성운동 단체가 아니다. 소수 인권 안 챙긴다. 여자만 챙긴다. 연대 안 한다" "도덕 버려" 등 더 과격한 남성혐오와 여성우월주의를 공식적인 운영방침으로 내세우고 있다. 워마드는 2016년 6월 현재 3만 명에 육박하는 회원을 보유하고 있으며 "한국 남자의 좆 길이는?" 등의 질문에 답하는 회원 가입 절차 후 등업 신청을 통해서야 비로소 일부 게시판의 내용을 볼 수 있다.

104 http://megalian.net/free/356288 추천 198 비추천 5
105 http://www.megalian.com/free/345837 추천 248 비추천 15

워마드로의 집단이주에 대해 한 메갈리아 회원은 "진심으로 드립 아니고 도덕 버리고 자지들이 하는 범죄 보지도 한번 해보자고 모인 사이트"[106]라고 워마드의 성격을 정의하고 있다. 워마드와 달리 "똥꼬충 소리 하지 않았고 지금도 아웃팅에는 동의하지 않는다"라며 스스로를 온건파라고 소개하는 해당 회원은 메갈리아/워마드 분열 양상이 안타깝지만 사이트 별로 남성혐오가 더 다양하게 분화되는 것이 오히려 "남성혐오 사상이 퍼지는" 데 도움이 될 것이라고 기대(?)하고 있다.

그러나 그 회원의 기대와 달리 '게이=똥꼬충' 논란을 계기로 메갈리아 사이트는 침체일로였다. 2015년까지 한때 하루 수백 건이 넘는 게시물이 올라오기도 했던 메갈리아의 화력은 2016년 5~6월 평균 10건 남짓한 수준으로 줄어들었다. 커뮤니티 내부의 분란과 엎친 데 덮친 격으로, 2015년 12월 말 유치원 보육교사를 자칭한 한 메갈리아 회원이 남자 어린이를 대상으로 한 "좆린이 따먹고 싶다"라는 성희롱 발언이 언론에 보도되면서 공개 게시판의 성격을 지닌 메갈리아의 활동 규모가 축소된 것으로 보인다. 무엇보다 메갈리아 운영진이 이후 게시판 관리를 방기해온 탓도 크다. 이로 인해 기존에 있었던 상당수의 회원은 워마드/레디즘 같은 여성 전용의 남성혐오 커뮤니티로 이주한 것으로 보인다.

(2016년 6월 기준) 최근의 메갈리아 게시판에도 지속적으로

---

[106] http://megalian.com/free/360627 추천 25 비추천 4

'워마드로 이주하라'라는 홍보 글이 올라오는 실정이다. '게이=똥꼬충' 논란으로 메갈리아의 본진이 여성 전용의 다음 카페 워마드로 옮겨진 것이다. 혹자는 메갈리아 내부에서 무차별적인 혐오 발언에 대한 나름의 자정 작용이 있었다고 주장하지만 보다시피 자정 작용은 결과적으로 실패했다.

한편 세이브메갈savemegalian.com이라는 메갈리아 게시글을 보존하는 사이트는 게이 비하 논란이 한창일 때 "운영방식이 마음에 들지 않으면 떠나라"라는 운영진의 게시글과 "메갈 망한 것 같은데 다른 사이트를 파서 이주하자"라고 제안하는 게시글이 동일인이 작성한 것임을 폭로했다.[107] 메갈리아 운영진이 겉으로는 정치적 올바름을 내세우면서도 남성혐오를 이어가기 위해 일반 유저를 가장한 채 이중 플레이를 하고 있었다는 정황이 포착된 것이다.

2015년 메갈리아에서 똥꼬충, 에이즈충 금지 공지를 계기로 분출되었던 게이 혐오 정서는 메갈리아의 파생 사이트인 워마드에서 더욱 악성화되었다. 2016년 미국 사상 최악의 총기난사 사건으로 기록된 올랜도 성소수자 클럽 총기 난사 사건에 대해서도 워마드 회원들은 게이 비하 발언을 일삼았다. "나만 미국 게이클럽 총기 난사 사태 별 생각 없냐"라는 글의 댓글에서 회원들은 클럽에서 살해당한 여성(갓치)은 불쌍하지만 게이들은 불쌍하지 않

---

107 https://www.facebook.com/savemegalian

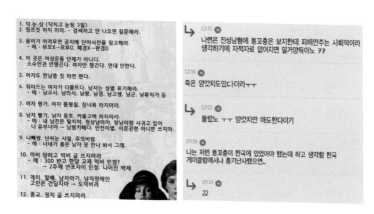

다음 카페 워마드 임시대피소의 공지사항(왼쪽)과 미국 올랜도 총기사고 관련 남성 성소수자 혐오 발언(오른쪽).

다는 반응을 이어갔다.[108] 한 회원은 한술 더 떠 "한국 게이클럽에서나 총기 난사 했으면"이라는 댓글을 달며 다른 회원들의 공감을 얻었다.

약자들에 대한 메갈리아/워마드의 비하 발언은 성소수자에만 해당되었던 것이 아니다. 한 메갈 유저가 남자 어린이를 대상으로 "좆린이 먹고 싶다"[109]라며 남자 어린이를 추행하고 싶다고 한 글이 언론에 보도되자 논란이 일었다. 방과 후 과정 강사로 2014년부터 2015년까지 근무했던 해당 유저는 그 글이 '미러링'이었으며 자신은 오히려 과거 아동 성폭력의 피해자였다는 변명으로 일관했다.

108   http://cafe.daum.net/womadic/cVrk/260739
109   http://www.megalian.com/free/218149 추천 10 비추천 1

이외에도 남자 아이들을 낙태하거나 때리고 싶다는 공격적인 글이 게시되었다. 일례로 한 유저는 2015년 9월 4일에 "임신했는데 아들이면 낙태해야 할 것 같다. (……) 내가 아들을 낳았나 벌레를 낳았나 고민하고 싶지 않다"[110]라는 발언을 했고, 다른 유저는 2016년 1월 6일에 "귀여운 남자애 볼 때마다 배 존나 쎄게 쳐보고 싶지 않냐? (……) 가둬놓고 우는 거 보면서 맨날 자위하고 싶다"[111]라는 발언을 했다. 그 외에도 메갈/워마드와 이에 동조하는 다수의 여초 사이트에서 남자 어린이를 '한남유충'이라고 부르는 등 어린이 대상의 혐오 발언이 일상화되었다.

　메갈리아에서 이어진 워마드의 한 회원은 2016년 4월 6일 가정학대로 사망한 남자 어린이의 뉴스를 거론하며 "포경 수술도 안한 청정 자지 개꿀맛이었을 텐데ㅜㅜㅜ"라며 고인을 성희롱하는 발언을 일삼았다.[112] 이어 워마드에서는 2016년 8월 18일에 "쇼린이 육노예 만드는 법"이라는 제목의 글이 올라왔다. '쇼린이'란 남자 아이를 성적으로 대상화할 때 쓰는 '쇼타'라는 일본어와 어린이의 합성어로 보인다. 해당 글에서 회원은 "다들 쇼린이 육노예 하나 장만해서 보지 뽈도록 보빨 받고 생리 기간에 피 받아먹게 해서 탐폰 값도 아끼고 심심할 땐 후장에 피스트픽fist fuck도 하며 스트레스 해소해라"라는 발언을 올렸다.

110　http://archive.is/XWCzs 추천 20 비추천 4
111　http://megalian.net/free/369231 추천 21 비추천 1
112　http://cafe.daum.net/womadic/cVrk/84248

한편 2015년 10월 17일에는 장애인에 대한 메갈리아 내부의 비하 발언도 있었다. "정신장애인 남성은 진짜 동물이랑 다를 바 없음"이라는 제목의 글은 남성 장애인들이 성욕을 자제하지 못하고 폭력적이라는 주장이 담겨 있다.[113] 여기에 "한남 정신지체아들은 싹 다 깨스형 처해야 한다"라는 댓글이 뒤따랐다. 한편 워마드에서도 비슷한 장애인 비하 발언이 잇달았다. 2016년 3월 26일에는 "까페에 장애한남충 있다"라는 제목으로 "휠체어 타고 있는데 지체장애가 있나 봄. 뭐 얘기하는데 막 끄끅 으엑 이런 소리 내면서 웃는다. 씨발 고막 테러당하는 기분"이라는 비하 발언이 올라왔다. "한남충에 장애까지 있는 주제에 왜 바득바득 살겠다고 지랄이노 지랄은 으으 재기해라"라는 호응 댓글이 이어졌다. 이어서 2016년 6월경 한 워마드 회원이 남성 장애인이 모델로 등장한 지하철 공익광고에 대해 "장애인은 잘생긴 놈 없냐?"라며 조롱 글을 올리자 댓글로 "으엑"이라는 (일베에서부터 이어져온) 장애인 비하 발언이 이어졌다. "쿰척대며 성봉사자 찾을 상"이라는 비하 발언도 있었다.

무엇보다 여성혐오를 혐오한다는 대외적인 이미지 메이킹과 달리 다수의 여성혐오 발언도 확인된다. 우에노 치즈코는 여성혐오가 "남성 측의 여성에 대한 멸시와 여성 측의 자기혐오"[114]로 나타난다고 이야기하지만, 이러한 설명과 달리 메갈리아/워마

<hr>

113   http://archive.is/Xzgel 추천 163 비추천 4
114   우에노 치즈코, 《여성혐오를 혐오한다》, 12~13쪽 참조.

워마드에 올라온 장애인 비하 발언.

‹ 보지놀이터   앱으로보

지하철광고때문에 눈재기함

장애인은 잘생긴놈없냐? 왜하필...음음을

4분 전

육옐

4분 전

육

3분 전

쿰척대며 성봉사자 찾을 상

←   보지놀이터   ☰

까페에 장애한남충들 있다

익명

🕐 2016.03.26 · 🗒 107   (1)

휠체어 타고 있는데 지체 장애가 있나봄. 뭐 얘기하는데 막 꼭꼭 육옉 이런 소리 내면서 웃는다. 씨발 고막 테러 당하는 기분이 노.

장애 있는 자지면 방에나 처박혀있지 왜 쿰척거리며 기어나와서 소음 공해 일으키는지 모르겠는 뿌젤. 저러다 책상 엎고 난동부 릴까 무섭다

🔔 댓글   ↻

2016.03.26 (첫댓글)

한남충에 장애까지 있는 주제에 왜 바득바득 살겠다고 지랄이노 지랄 은 으으 재기해라

126

드에서는 더 우월한 여성성(갓치)의 관점에서 다른 여성을 멸시하는 태도가 노골적으로 드러난다. 대표적인 것이 자신들의 남성혐오 사상에 반대하는 여성을 '명예자지(명자)'라든가 '흉내자지(흉자)'라고 부르는 관행이다. 이미 메갈리아에서 2015년 10월 14일 자신들을 "여자 일베"라고 부르는 사람들에게 "코르셋 시녀병 말기"라는 비하 발언을 쏟아내고 있다. 댓글에서도 "미개하다" "병×같은 ×"이라는 욕설이 뒤따르고 있다.[115]

또한 남연갤 시절부터 그래왔듯이 다른 여초 커뮤니티를 '봇초 커뮤니티'라고 부르며 여론 조작의 대상쯤으로 깔보는 태도가 이어졌으며, 남자친구나 남편에게 잘해주거나 남성들에게 동조하는 행위 등을 '코르셋'이나 '투명 히잡' 및 '시녀'라고 멸시하는 태도 역시 만연했다.

메갈리아/워마드에 동정적인 여초 커뮤니티인 여성시대에서도 2016년 6월경 일부 회원들이 워마드 등에서 유부녀를 '흉자'라고 부르는 것에 불편함을 토로하는 일이 있었다. 한 여성시대 회원은 "워마드 진짜 불편했던 게 유부녀 흉자 만드는 거. 모든 한국 남자는 다 븅신이라는 식으로 말하는데 한국 남자랑 결혼하는 유부녀, 결혼 생각하는 사람들 흉자로 만드는 분위기 존나 눈치 보이고 싫었어"라고 증언하고 있다.

---

115   http://megalian.com/free/210208 추천 14 비추천 0

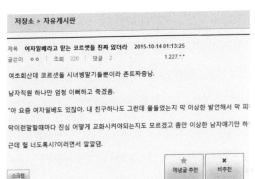

메갈리아 내부에 있었던 '코르셋' '시녀병' 등의 여성혐오 발언(위)과 워마드 등지에서 유부녀를 대상으로 '흉내자지(흉자)' 발언을 일삼은 것에 대해 불편함을 토론하는 여성시대 회원들(아래).

5. 메갈리아/워마드 바로 알기

커뮤니티 내부에서 이루어진 이와 같은 주요 문제 발언과 사건사고들을 종합하면 메갈리아/워마드에 대해서 다음과 같은 시사점을 도출해낼 수 있다.

(1) 메갈리아/워마드는 '혐오 발언'에 완전히 몰입한 인터넷 커뮤니티다. 특히 메갈리아의 여론을 주도한 일부 운영진을 포함한 헤비 유저들이 다수 이동한 워마드의 경우, 남성 일반에 대한 혐오 사상을 커뮤니티의 명시적인 행동강령으로 삼고 있다는 점에서 일상의 취미와 관심사 공유를 우선으로 하는 다른 일반적인 인터넷 대중 커뮤니티와 구분되어야 한다. 예컨대 워마드 카페의 행동강령인 '보슬람경전'에서는 "게이, 할배, 남자 아기, 남자 장애인, 고인은 건들지 마"라는 메갈리아 내외의 비판에 대해 "도덕버려"라고 일갈하고 있다.[116] 즉 남성혐오의 성역은 없다는 것이다. 성소수자든, 아이든, 장애인이든 남자라면 혐오의 대상이 되어야 한다는 것이다.

일상의 취미와 화제에 대해 이야기하다가 중간에 여혐/남혐 발언과 성대결 갈등이 일어나는 보통의 남초·여초 커뮤니티와 달리 메갈리아와 그 파생 사이트에서 공유되는 대다수의 화제는 이처럼 순수하게 '성대결'과 '남성혐오'에 초점이 맞춰져 있으며, 그러한 성대결과 혐오 프레임을 외부에도 확산시키기 위해 적극적으로 행동한다.

(2) 메갈리아/워마드의 혐오 발언은 단순히 남성혐오로 그치는 것이 아니다. 이들의 혐오 발언은 남성혐오에서 출발하지만 거기

---

116   http://cafe.daum.net/womadic/cVru/46

에만 그치는 것이 아니다. 메갈리아/워마드 내부에서는 성별에 착목에서 자살을 권거나 살인과 학살을 옹호하는 생명 경시 발언이 잇달았으며, 이는 남성 어린이(좆린이, 한남유충)와 성소수자(똥꼬충, 에이즈충) 그리고 장애인(윽엑, 장애한남)에 대한 혐오 발언과 결합되었다. 혐오 발언의 강도가 더해짐에 따라 범죄를 모의하거나 범죄를 모방하자는 선동이 메갈리아 초창기부터 있었고 지금까지 지속되었다. 특히 자신의 프레임에 동조하지 않는 같은 여성에 대한 멸시적인 언행(흉내자지, 명예자지)도 이루어졌다.

(3) 메갈리아 내부에서 행해진 이 같은 위험 수준의 혐오 발언에 대한 커뮤니티 내부의 자정 작용은 거의 이루어지지 않았다. 설사 자정 작용을 시도한다 해도 그 같은 시도는 '선택적으로' 이루어졌으며(이제까지의 신체 훼손과 살인 그리고 대량학살 옹호 발언들은 경시한 채, '게이=똥꼬충' 논란이 일자 그제서야 일부 트위터 페미니스트들이 메갈리아의 정체성을 되물은 것을 보라), 더 나아가 그 시도 자체도 성공적이지 않았다.

결국 메갈리아에서 '게이=똥꼬충' 언급이 금지되자 다수의 유저들은 정치적 올바름에 얽매이지 않은 채 더욱 더 순수한 형태의 남성혐오 강령을 표방한 워마드라는 집단으로 옮겨간 것이다. 그리고 그 과정에서 사회적인 시선 때문에 대외적으로는 게이 혐오 발언을 금지한 운영진의 일부도 이 집단이주에 동조했다. 현재 워마드 내부에서 이루어지는 학살과 살인 등을 옹호하는 생명 경시 발언, 범죄모방 및 범죄모의 발언, 여성과 성소수자 그리고 장애인에 대한 멸시적인 언행들이 '내부적으로' 자정될 것이라고 기대할 수 있는 근거는 어디에도 없다.

(4) 일베가 폭력범이라면, 메갈/워마드는 지능범이다. 과거 일베에서 자신들로 인해 각종 사회적 논란이 일어나면서 국민적인 왕따가 되자, 일베 회원들이 각종 기부와 모금 활동을 인증하면서 자신들의 이미지 세탁을 시도한 바 있었다. 그러나 그것은 말 그대로 어설픈 시도에 불과했다. 메갈리아/워마드는 이보다 더 지능적으로 처신했다. 이들은 외곽단체 격인 다른 SNS 계정을 통해 자신들의 행위에 관해 '미러링' 내지는 '여혐혐'이라는 허구에 불과한 대의명분을 대외적으로 홍보하고, 기부금 모집 및 서명운동 등의 대외활동을 병행하면서 이미지 세탁을 해왔다. 예컨대 '메갈리아4' 페이지는 자신들이 기존의 메갈리아와 달리 '온건한 노선'을 추구한다고 주장하지만 실제로는 페미니즘 문구가 새겨진 티셔츠를 판매하면서 얻은 수익금과 기부금으로 기존의 메갈리아에서 활동하다가 고소당하거나 제재를 당한 악플러들을 후원했다. 또한 워마드 회원이 '메갈리아4'가 판매하는 티셔츠를 제작했다는 사실을 인증했다.

'메갈리아'라는 이름을 공유하며 인적 관계와 금전적 관계로 얽혀 있는 메갈리아 및 그 파생 사이트들과 외곽의 SNS 계정들을 엄밀히 구분하기란 어렵다. 특히 외곽의 SNS 계정이 '대외적'으로는 메갈리아의 사상을 홍보하고 옹호하며 여론의 관심을 돌리는 동안, 일부 호의적인 여론의 우산 아래 '내부에서는' 방약무인한 혐오 발언을 일삼고, 다른 커뮤니티와 뉴스 댓글창에 혐오 발언을 확산시키기 위해 모의하는 등의 암묵적인 '역할 분담'이 있었다. 만일 그들이 대외 홍보용의 계정과 언론 인터뷰를 통해 겉으로 여성 이슈를 제기하면서도 자기 사이트 내부에서는 혐오 발언을 즐기고 부추겼다면, 아무리 좋게 봐줘도 그들이 이중인격이거나 소시오패스 성향이라는 결론으로 향한다.

실제로 일부 이념집단이 형성한 대외적인 이미지에 가려서 메갈리아/워마드의 내부 담론의 실상은 정작 제대로 알려지지 않았다. 그러한 지능범들이 지금까지 활개를 치도록 허용한 것은 진영 논리에 빠져 커뮤니티의 실상을 제대로 알려고 시도조차 하지 않은 탓이 크다.

(5) 메갈리아/워마드가 사용한 미러링은 일베의 그것과 마찬가지로, 정반사의 미러링이 아닌 난반사의 미러링에 불과하다. 메갈리아/워마드는 그동안 인터넷 상에 여성혐오가 만연했고 전반적으로 한국 사회의 여성이 차별받고 있었다는 사실을 즐겨 거론한다. 물론 이것은 사실이다. 그러나 이 같은 사항들을 다 인정한다 하더라도, 메갈리아/워마드에서 행하는 미러링은 무엇에 대한, 누구를 향한 미러링인지 불분명하다. 게다가 메갈리아/워마드가 자신의 신화적 기원으로 언급하는 메르스갤러리 점령 사건의 진정한

동기도 여성혐오에 대한 문제 제기나 미러링이 아니라 메르스 감염자들을 재미 삼아 조롱하고 욕하는 것이었다.

가령 2015년 9월 18일에 "그거 아냐? 썹치남들 어버이날에 애비들한테 후장 대준다"라는 제목의 글에서 한 메갈리아 유저는 "애비도 (후장 대주는 것에) 만족한다;; 돈보다 선호한다던데ㄷㄷ"[117] 라고 쓰고 있다. 추천 159에 비추천 2다. 제지하는 댓글은 단 하나도 없었다. 우스갯소리로 한국 남성(썹치남)들이 자신의 아버지(애비충)와 어버이날에 후장으로 섹스를 즐긴다는 이야기를 하는 것인데, 이런 패륜적 발언은 누구를, 무엇을 대상으로 한 '미러링'인가? 이것은 여성혐오에 대한 미러링인가? 그렇다기보다는 일부 여성 네티즌들이 즐겨왔던 남성 대상의 망상적 게이 포르노 소설(일명 야오이물 혹은 BL물)을 모방한 것에 더 가깝다.

이뿐 아니라 워마드에서는 2016년 8월 독립운동가뿐 아니라 전태일과 같은 노동운동가에 대한 조롱이 이어졌다. 이를테면 "태일하다: 지 몸에 셀프방화하고 뒤짐. 한남충들 재기하든가 태일해라^*^"[118] 같은 발언이 있었다. 사회적 상식을 공개적으로 능멸하는 것을 재밌어한다는 것 외에 어떤 미러링의 의도가 있는 것인지 이해하기 힘들다. 한편 워마드에서 윤봉길, 안중근 의사의 얼굴을 우스꽝스럽게 합성하는 등 독립운동가에 대한 비하 논란이 일자, 일부 워마드 옹호자들은 '여자에게 국가란 없다'라며 국

117   http://megalian.com/free/153292 추천 159 비추천 2
118   http://cafe.daum.net/womadic/cVrk/68661

가폭력에 희생된 여성의 역사를 거론하면서 독립운동가를 비하한 행위를 여성주의적 관점에서 옹호하기도 했다. 그러나 국가폭력과 국가주의에 의해 여성이 희생당한 역사를 환기하는 것과 독립운동가를 조롱하고 비하하는 것의 연관성을 이해할 수 없다. 전형적인 사후 정당화에 불과하다.

혹자는 이러한 혐오 발언도 여성혐오로 경사된 기울어진 운동장에서 여성들이 불가피하게 사용할 수밖에 없는 방어 수단이라고 말한다. 그러나 메갈리아/워마드 유저들이 높은 추천을 받고 댓글로 옹호를 받으며 행한 혐오 발언들은 그 대상을 전혀 가리지 않는다는 점에서 자신이 당한 피해에 대한 자력구제라기보다는 복수심에 의한 무차별 총기 난사에 가깝다. 기울어진 운동장의 비유는 적어도 메갈리아/워마드 이슈에 대해서는 잘못되었다. 기울어진 운동장 어디에서든 무차별 총기 난사를 맞고 피 흘리고 신음하는 것은 남녀노소 매한가지이기 때문이다.

만일 지금까지 메갈리아/워마드가 해온 패륜적 혐오 발언이 여성 이슈를 제기하기 위한 미러링이었다면, 2016년 7월에 미국 댈러스에서 일부 흑인들이 경찰을 대상으로 벌인 묻지 마 총격 사건도 흑인 인권운동을 위한 미러링이었다고 말할 수 있다. 댈러스의 경찰 저격 사건도 백인 경찰관이 검거 과정에서 흑인을 향해 총기를 남용한 사건에 대한 복수심에서 촉발된 사건이었다. 실제로 미국에서 경찰의 흑인 대상의 총기 사용 빈도는 백인 대상의 총기 사용 빈도보다 높다. 그러나 미국 최초의 흑인 대통령 버락 오바마는 댈러스의 경찰 저격 사건을 비열한 짓으로 규정하며 "미치광이가 흑인을 대표하지 않는다"라고 잘라 말했다. 마찬가지로 왜 이러한 비상식적인 발언들이 여성 일반의 정서를 대표하는가?

(6) 메갈리아/워마드 유저들 상당수는 '미러링'이라는 대의명분을 처음부터 믿지 않았다. 앞서 살펴보았듯이 이미 오래전부터 메갈리아 유저들은 자신들이 재미 삼아 남성혐오를 하는 것이 맞다고 당당하게 주장했다. 이 흐름은 워마드에도 이어진다. 워마드에서는 2016년 7월 30일에 "자지들이 우리의 미러링을 너무 믿는 듯"이라는 제목의 글에서 "자지는 교육시킬 필요 없이 고기방패나 육딜도로 써야 한다" "한남유충은 낙태해야 한다"라는 자신들의 평소 주장이 패러디가 아닌 "진심"이라고 단언하고 있다.[119] 한마디로 메갈리아/워마드의 방법론을 동정적으로 옹호하는 남성들마저 비웃고 있는 것이다.

이처럼 본인들이 인정하듯이, 필요악으로 설명되는 전략적인 방법론으로서의 미러링이란 예전에도 없었고 지금도 없다. 혐오 발언을 혐오 발언 그 자체로 즐기는 것이 목적이었을 뿐 혐오 발언을 수단 삼아 지향하는 이념적인 목적은 애초부터 존재하지 않았다. 그들이 지향한다고 주장하는 목적(여성혐오 반대)은 여론

---

119   http://cafe.daum.net/womadic/cVrk/442177

의 관심을 돌리기 위한 대외 홍보용에 불과했다.

(7) 혐오 발언을 내버려두면 그 강도가 점점 강해진다. 이미 언급했듯이, 메갈리아의 기원은 2015년에 개설된 디시인사이드의 메르스갤러리다. 이 메르스갤러리를 점령하며 남성혐오 글을 도배한 최초의 네티즌들은 2014년부터 일베 말투(~노, ~이기, ~노무노무 등)를 재밌다고 따라해온 남자연예인갤러리의 여성 유저들이었다. 이들은 평소 일베를 재미있게 눈팅(감상)해왔고, 김치녀·썹치녀 등의 여성혐오 발언에 대한 면역과 내성을 가진 채 다른 아이돌 및 아이돌 팬에게 막말을 일삼은 '무서운' 언니들이었다. 그렇기 때문에 이들은 홍콩 여행 여성에 대한 혐오 발언이 일기 하루 전부터, 메르스 남성 감염자들에게 재미 삼아 '죽어라'라는 식으로 조롱하고 비난할 수 있었다.

이처럼 혐오 발언의 문제는 단순하지 않다. 혐오 발언에 대한 사회적 견제가 행해지지 않는다면 사람들은 혐오 발언에 대한 내성을 가지게 되며, 이에 따라 더 심한 강도로 익명의 다수를 향해 혐오 발언을 되돌려주게 된다. 이러한 혐오 발언의 미러링은 '미러링의 미러링'을 낳으며, 그 과정에서 강도가 점점 상승한다. 사실 두려운 것은 남성혐오가 아니다. 미러링의 미러링의 미러링 끝에 무엇이 나올지 예측 불가능하기 때문에 두려운 것이다.

이미 메갈리아/워마드의 남성혐오 발언에 대해 다수의 남성 커뮤니티 유저들도 내성과 면역을 획득했다. 그렇기 때문에 메갈리아/워마드도 어떻게든 남성 네티즌들에게 정신적인 충격을 주기 위해 범죄를 옹호하거나 모의하고 스스로를 페미나치라고 선언하는 수준까지 나아간 것이다.

원래의 목적이 어찌되었든 목적과 수단이 완전히 전치된 것이다. 원래의 목적이라는 것이 존재했다면 말이다.

혐오의 시대와 돌팔이 의사

"폭력이 배우고 학습할 수 있는 것이라면,
비폭력도 학습할 수 있습니다."

— 우에노 치즈코, 2016년 6월 4일 한국 초청 특강에서

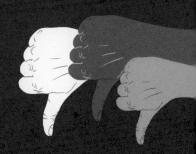

2부에서는 인터넷에 만연한 젠더 혐오 발언을, 1부에서 다룬 일베와 메갈리아/워마드 신드롬
이라는 현상을 넘어 더 넓은 맥락에서 생각해볼 것이다. 먼저 인터넷 공론장에 대한 소장 연구
자들과 언론인들이 갖고 있는 잘못된 환상에 대한 교정을 시도할 것이다. 또한 일베나 메갈리
아/워마드 같은 혐오 사이트가 아니더라도 일상에서 별 생각 없이 공유되는 젠더 혐오 발언이
어떤 담론적 구조를 갖는지 살펴보고, 그것을 또래문화의 단절이라는 사회문화적 맥락에서 고
찰할 것이다. 한편 오늘날의 인권 담론이 왜 문제를 해결하는 데 무력한지도 생각해볼 것이다.
마지막으로 진보·보수 양쪽의 돌팔이 의사들이 자신의 이데올로기를 확산시키기 위해 즐겨
사용해온 이른바 '충격요법'이 어떻게 젠더 혐오 문제를 더욱 악화시켰는지 살펴볼 것이다.

사람들은 왜 인터넷에서
평소와 다르게 행동할까

3장

위기에 처한 인터넷 공론장

《여성신문》은 2016년 6월 2일자 〈여성혐오 공론화 이끈 메갈리아와 자매들〉이라는 기사에서 메갈리아 및 그 파생 사이트들에 대해 "여성 이슈 공론장이자 (여성주의적인) 연대의 가능성을 확장할 것이라는 기대를 받는다"라는 평가를 내리고 있다.《여성신문》5월 29일자의 중앙대 사회학과 이나영 교수의 인터뷰 기사에서는 아래와 같은 평가도 나온다.

"메갈리아를 보세요. 여성 스스로 온라인 공간에서 다층적인 문제를 나누면서 일상적인 지식 토대를 마련했어요. '나만의 문제가 아니라 사회적인 문제구나, 날 지지해주는 이들이 있구나'

하면서 '개인적인 것은 정치적인 것이다'라는 말을 실감하는 거죠. 여성들이 '제도화된 부정의에 맞서 싸워야 한다'는 의식을 갖게 되고, 대안적-하위 공론장을 구성하고, 당연하게 느낀 기존 개념들을 반성하고 새로운 프레임을 주도해 나가고 있습니다."[120]

지금까지 메갈리아/워마드 커뮤니티의 실상을 읽은 독자들에게는 상당히 경악스러운 평가겠지만 일단 차치해두자. 그보다 여기서 눈여겨볼 것은 바로 '대안적-하위 공론장'이라는 평가다. 또한 해당 인터뷰에서 이나영 교수는 메갈리아/워마드를 새로운 "정치적 주체의 탄생"이라고까지 의미를 부여하고 있다. 어쩌면 메갈/워마드 신드롬에 대한 진보·여성주의 진영의 착시 현상은 이념의 문제 이전에 인터넷 공론장public sphere에 대한 무지와 환상에서 비롯된 것일 수 있다.

인터넷 커뮤니티의 담론이 오프라인으로 확산되는 현상이 일어날 때마다 (소장) 연구자들이 이를 '새로운 공론장의 탄생' 혹은 '정치적 주체의 탄생'이라고 환영하면서 의미를 부여하는 것은 오랜 관행이었다. 2002년 미군 장갑차 사고 관련 촛불시위에도 그와 같은 의미 부여가 이루어졌고, 특히 2008년 광우병 촛불시위에도 그 같은 분석이 쏟아져 나왔다. 조정환이라는 서구 사상의 세례를 받은 이론가는 촛불시위에 나온 다양한 계층과 다양한 관심사를 가진 시민들에게서 다중multitude의 출현을 보고 있다.[121] '다

---

120 〈공기 같은 차별·혐오, 남자들이 스스로 성찰하고 바꿔야〉,《여성신문》, 2016.5.29.
http://www.womennews.co.kr/news/view.asp?num=94368#.V2zgI_mLSUk

중'이란 서구 신좌파 운동에 이론적 근거를 부여한 아우토노미아 학파의 용어로서, 정치제도와 현실의 권력 시스템을 초과하는 유상무상의 존재를 의미한다고 하는데, 필자도 무슨 말인지 정확히 알지는 못한다.

또한 2008년 광우병 촛불시위 당시 인터넷 여성 커뮤니티에서 집회에 참여하는 등의 활약이 있었는데, 이에 착목해서 이를 "수평적인 공론장"의 탄생이라고 의미를 부여하는 연구자들이 있었다. 그러나 이것은 대부분 현실을 분석했다기보다는 자신들이 믿고자 하는 이론에 입각해서 현실을 미화하는 성격이 강한 담론이었다. 왜냐하면 실제로는 인터넷 커뮤니티 내부에서 횡행하는 공격적인 언행이나 특정 정치인에 대한 종교적 숭배의 분위기가 거의 다루어지지 않았기 때문이다.

많은 연구자가 인터넷이 특유의 개방성과 공개성 때문에 기성 제도와 위계질서에 가로막혀 있는 현실의 공론장보다 더 확장된 참여의 기회를 제공한다고 믿는다. 인터넷에서는 더 광범위한 여론 형성이 가능하며, 이를 통해 제도를 변화시키거나 정치집단 형성을 가능케 한다는 논리다. 그러나 이러한 장밋빛 도식과 달리 인터넷 공론장은(만일 그것을 공론장으로 본다면) 그 구조에서 여러 가지 치명적인 결함을 안고 있다.

공론장이 성립하기 위해서는 몇 가지 의사소통 행위규범

---

121   조정환, 《미네르바의 촛불》, 갈무리, 2009 참조.

이 만족되거나 혹은 만족될 것이라고 기대할 수 있어야 한다. 이에 대한 여러 가지 견해가 있지만 편의상 관련 논의로서 가장 고전적인 위르겐 하버마스의 견해를 참조하도록 하자.

공론장이 성립하기 위해서는 참여자들 간에 '이해 가능성Verständlichkeit'과 '진리성Wahrheit' 그리고 '정당성Richtigkeit'과 마지막으로 '진실성Wahrhaftigkeit'이라는 규범이 충족되어야 한다. 즉 상대의 말을 알아들을 수 있어야 하고, 사실에 기초해야 하며, 같은 도덕규범을 공유해야 하고, 무엇보다 그 표현에서 상대방을 존중하며 절충점을 찾아가려는 의욕을 보여야 한다.

일부 학자들은 이러한 행위규범이 그 어떤 외부의 간섭과 왜곡으로부터 자유로운 일상의 '생활세계Lebenswelt'에서 확보된다고 말한다. 이러한 생활세계란 직관적으로 말하자면 일상에서 얼굴을 마주하며 서로 사심 없이 세상 돌아가는 일을 토론할 수 있는 동료 및 친구와의 관계에 가까울 것이다. 하버마스는 공론장의 형성을 훼방 놓는 것으로 외부의 권력과 위계질서 등을 든다 (이른바 생활세계의 식민화).

이처럼 공론장의 사상가들은 면대면面對面의 수평적인 관계에서 자연스럽게 형성되는 습관 내지는 미덕에 기대어 공론장의 가능성을 모색하는 경향이 있다. 이러한 노선을 따라 인터넷도 일종의 수평적 집단을 형성함으로써 부당한 권력관계와 위계에 대한 저항의 거점이 될 수 있다고 믿는 사람들이 있다.

많은 소셜 미디어와 인터넷 커뮤니티가 '익명성'과 '공감'

을 최우선적인 특징으로 하고 있다는 것은 이미 상식이다. 이들이 확실히 익명성에 기대어 모종의 수평적인 관계를 초래할지는 모르지만, 면대면의 신뢰 관계에서 형성되는 의사소통 행위의 규범을 기대하기는 힘들다. 예컨대 익명으로 자유롭게 댓글과 게시물을 올릴 수 있는 디시인사이드의 갤러리들은 익명성을 보장함으로써 참여의 장벽을 낮추지만, 동시에 악플과 패드립 그리고 어그로의 빌미를 제공한다. 익명의 어그로와 패드립이 판치는 곳에서 호의에 입각한 토론과 대화란 거의 불가능하다. 말을 걸어오는 상대가 진심인지 알 수 없기 때문이다(진실성).

또한 인터넷에서 사회문제에 대한 이슈화가 활발하게 제기되기도 하지만 동시에 '조작' 시비도 끊이지 않는다(진리성). 대표적인 것이 직장 내의 우발적 폭행 시비를 상습적 성추행이라고 왜곡해서 SNS에 전파한 모자가 역으로 명예훼손으로 경찰에 입건된 사건이다.[122]

유저들 간의 공감을 유도하기 위해 의도적으로 사실관계를 왜곡함에도 그것을 검증할 수단이 전무한 경우도 많다. 메갈리아의 경우, 2016년 4월경 "한남한테 성폭행 당한 지 5시간째"라며 원미 경찰서에 성폭행 피해 신고를 넣었음에도 방치당하고 있었다는 주장이 올라왔다.[123] 이에 타 커뮤니티 네티즌이 경찰에 민원을 넣었으나 메갈리안이 주장하는 해당 시간대에 성폭행으로 조

122　뉴시스, 〈안양 마트 폭행 지적장애인, 성추행 SNS 유포는 거짓〉, 2016.6.9.
123　http://archive.is/jKBMJ

사받은 민원인은 없었다는 답변이 돌아왔다.

워마드의 경우, 다수의 유저들은 남성혐오를 확산시킬 수 있는 루머라면 그 무엇이라도 활용하며, 사실 여부에 신경 쓸 필요가 없다고 노골적으로 말한다. "사실 아닌 유언비어 퍼트리는 데에 죄책감 갖지 마라. 5000년 동안 한남들은 있지도 않은 자지, 보지들한테 속여왔는데 저 정도 구라야 뭐 별것도 아니지 않노"[124] 라는 논리다. 그동안 남성들도 그 같은 진실 조작을 해왔기 때문에 어차피 피장파장이라는 논리다.

나아가 인터넷 공간은 그 익명성에도 불구하고 의외로 개방적이지 않다. 인터넷 커뮤니티마다 고심하는 문제는 어떻게 하면 내부의 이른바 '친목질'을 해소할 수 있는가다. 커뮤니티 내부에 헤비 유저들을 중심으로 폐쇄적인 친목집단을 형성해서 다른 의견을 가진 유저를 배제하거나 서로 싸우는 일들이 비일비재하기 때문이다. 일부 인터넷 커뮤니티들은 이 같은 친목질을 금지하는 대신 커뮤니티 외부에서는 알아들을 수 없는 은어와 관행 그리고 짤방을 만들어내서 유저들 간의 소속감을 고취하는 전략을 택하기도 한다. 이로 인해 상당수의 인터넷 커뮤니티는 외부에서 알아듣기 어려운 은어와 말투를 사용한다(이해 가능성). 특히 비하적인 의미일수록 외부의 검열을 피하기 위해 은어의 형태를 취하는 경우가 많다.

---

124   http://cafe.daum.net/womadic/g5PJ/381

진실이 아닌 남성혐오 유언비어를 퍼뜨리는 데 죄책감을 갖지 말라는 워마드 내부의 글.

더 나아가 워마드와 일베의 경우처럼 유저들의 '스릴'과 '재미'를 유도하기 위해 운영진이 공지사항으로 남성에 대한 혐오 발언을 대놓고 권장하거나(워마드) "민주화"를 비추천의 의미로 사용하는(일베) 등 일상의 도덕규범을 전면적으로 부정하는 경우도 있다(정당성).

이처럼 인터넷은 익명성은 물론이고 유저 간의 공감을 위해서라면 진실과 도덕을 희생해도 좋다는 사고가 만연해 있다. 이 때문에 인터넷에서는 외부의 간섭에 의해서라기보다는 그 자체의 하중으로 인해 내부의 공론장이 붕괴되는 경우가 흔하다.

인터넷과 환경권력

앞에서 본 것처럼 공론장이란 권력관계와 위계를 배제한 공간, 적어도 그러한 상태를 지향하는 공간이다. 이것은 우리나라로 치면 학창시절 죽이 맞는 또래집단과 비슷한 공간이다. 위르겐 하버마스는 그것을 다만 '생활세계'라는 추상적인 개념으로 이야기하고 있을 뿐이다. 전통적으로 서구사회에서 공론장과 민주주의에 대한 담론은 이 같은 또래집단 내부의 형제애brotherhood 혹은 자매애sisterhood에 기초해서 사고된다. 이것은 고대 그리스부터 이어져온 서구 문명의 낭만적 이상이다(한나 아렌트). 그러나 현실의 인터넷 커뮤니티는 그러한 낭만보다는 낯선 형태의 권력관계에 의해 지배된다. 인터넷 커뮤니티의 권력은 현실의 선거에 의해 '빼앗고 빼앗기는' 소유관계에 입각한 정치권력과도 다르고, 미셸 푸코와 같은 학자가 분석하고자 한 (일상의 지식과 담론을 매개로 한) 미시권력과도 다르다.

네트워크 이론가 로런스 레식Lawrence Lessig은《코드 2.0》[125]이라는 저서에서 이 같은 제3의 권력 유형을 '아키텍처architecture'라고 부른다. 레식은 이러한 아키텍처가 사용자의 내면을 묻지 않은 채 일정한 방식의 커뮤니케이션으로의 몰입을 유도한다는 점에서 법규범과 시장에 뒤이은 제3의 권력을 내포하고 있다고 말

125　　로런스 레식, 김정오 역,《코드 2.0》, 나남출판, 2009.

한다. 마루타 하지메라는 학자는 여기에 대해 이렇게 논평한다.

"인터넷 공간은 '건축환경'으로서 유저의 행동을 규정한다. (……) 현실 공간과는 다른 공간 특성을 살린 코딩coding이 실행되어 그 속에서 유저의 평판이나 열광을 장치해둔 애플리케이션이 인터넷 공간을 점유해간다."[126]

즉 애플리케이션과 플랫폼의 설계에 의해 사용자들의 의식과 언어를 특정 방식으로 동기화하고 반응을 유도해가는, 그 행사 주체와 출처가 불분명한 신종의 '환경권력enviromental power'이 대두했다는 것이다. 초점을 SNS와 인터넷 커뮤니티에 한정해서 본다면 ①서버를 구축하고 커뮤니티의 사용 환경을 만드는 '설계자', ②커뮤니티 전체의 방향을 결정하는 '운영자', ③ 게시판의 '관리자' 순으로 아키텍처 권력을 점유 내지는 공유하고 있다.

특히 인터넷 커뮤니티의 관건은 사용자의 몰입을 유도하고 커뮤니티 내부의 동질성을 유지하는 것이다. 예를 들어 디시인사이드의 경우 '힛갤'이라는 게시판 시스템을 통해 여러 갤러리가 주목받을 만한 게시물을 경쟁적으로 올리도록 유도한다. 또한 '보이스 댓글'과 '이모티콘 댓글'을 통해 사용자들의 몰입을 유도한다. 아프리카 TV는 '별풍선' 시스템을 통해 방송 BJ와 시청자 간의 더 농밀한 커뮤니케이션을 유도한다. 일베 역시 '레벨업 시스템'을 통해 관심을 받기 위한 위악적인 행동을 부추긴다.

---

126   마루타 하지메, 윤상현/박화리 역, 《장소론》, 심산, 2011, 237쪽 참조.

일부 인터넷 커뮤니티에서는 내부에서 사용해야 하거나 사용해서는 안 되는 말투를 세세하게 규정한다. 또한 다른 곳에서는 분란을 방지하기 위해 언급해서는 안 되는 화제들을 상세하게 규정해놓는다. 반면 어떤 커뮤니티는 그러한 규제를 아예 하지 않음으로써 이용자들이 배설적인 글(똥글)을 쓰도록 유도한다. 이처럼 인터넷 커뮤니티의 분위기는 상당 부분 커뮤니티의 설계자·운영자·관리자에 의해 좌지우지된다. 그리고 상당수의 이용자는 이러한 '아키텍처 권력'을 거의 의식하지 못한 채 커뮤니티의 말투와 분위기에 전염되고 만다. 더 나아가 일부 커뮤니티에서는 운영자 및 관리자를 중심으로 한 '친목질'과 '여론 쏠림' 현상이 나타난다. 특히 운영자를 '대빵'(여성시대)이라든지 '아빠'(임시대피소)라고 부르며 숭앙하는 분위기가 일부 여초 커뮤니티에서 두드러진다. 디시인사이드의 경우에도 설립자인 김유식을 일부 유저들은 '유식대장'이라고 부르며 추종한다.

과거 일베 신드롬이 한창이었을 때 몇몇 연구자가 일베 유저를 인터뷰했다. 이용자들이 왜 일베에 몰입하는지 궁금했기 때문이다. 일베 유저들은 이 질문에 대해 여러 사회적인 환경과 개인적인 동기를 들며 대답했다. 아마 메갈리아/워마드 유저들을 면담해도 대동소이한 대답이 나올 것이다. 이들에게 마이크를 들이대는 순간, 그들은 원래 인터넷에서 취했던 방약무인한 태도와 단절된다. 현실의 차별이 싫기 때문에, 일상에서 마주치는 성희롱과 불쾌한 시선을 일삼는 남자들이 싫기 때문에 해당 사이트를 이용하게 되었다는 이성적인 대답을 내놓는다. 그러나 이러한 대답은 핵심을 알아내는 데 도움이 되지 않는다. 그 대답은 의식의 합리화, 자기정당화라는 필터링을 통해 주어진 대답이기 때문이기도 하지만, 무엇보다도 그 대답이 진실한 것이라 하더라도 왜 그들이 인터넷 커뮤니티에서 익명의 집단을 대상으로 무차별적인 모욕과 도발을 '즐겼는지'에 대한 진짜 대답을 주지는 않기 때문이다. 이를테면 일상에서 차별을 당했기 '때문에' 남자의 성기가 잘린 자지커팅 사진을 공유하며 낄낄댔다는 것은 그럴듯한 설명이 아니다. 유럽의 네오나치와 스킨헤드도 자신의 폭력을 정당화하기 위해 사회평론가인 양 사회경제적 불안정을 자기 행동의 근거로 든다. 하지만 같은 불안정을 겪는 모든 젊은이가 그런 극단적인 행동을 하는 것은 아니다.

오히려 질문의 초점은 왜 사람들이 일상에서는 하지 않는 짓을 인터넷 커뮤니티에서는 하게 되는지에 맞춰져야 한다. 한 인간이 모니터 앞에 있을 때의 행동과 오프라인에서 사람들을 대면할 때 행동하는 방식은 확실히 다르다. 장소가 사람을 만든다. 일베든 메갈/워마드든 그들의 지금의 정체성을 만든 것은 그들이 그동안 있었던 혐오 발언들을 '데이터베이스'로 전환하면서부터였다. 그러나 당장 워마드만 봐도 정작 현실에서는 자신이 "보지대장부"[127]처럼 행동하지 못하는 것을 자책하는 글이 넘쳐난다. 앞으로 인터

---

[127] 한국 남자들을 당당하게 욕하고 패는 멋진 여성을 의미하는 은어. '사내대장부'의 미러링이다.

넷 커뮤니티 신드롬에 대한 진지한 분석은 이러한 현실과 인터넷 공간의 간극을 초래한 것이 무엇인지에 초점이 맞춰져야 한다. 지금까지 그렇게 하지 못했기 때문에 다수의 연구자와 언론인이 인터넷 커뮤니티에 대한 불필요한 낭만화(메갈리아/워마드) 혹은 악마화(일베) 사이에서 동요했다.

전쟁터로 변해가는 인터넷

앞서 언급한 제반 문제 때문에 인터넷이라는 공간을 '공론장'이라는 모델 외의 다른 모델로 개념화하려는 이론화 작업들이 꾸준히 나왔다. 필자의 전작《일베의 사상》과 중복되므로 이 책에서 그 작업들을 전부 구체적으로 소개하지는 않겠다. 다만 논의의 필요상 이길호의《우리는 디씨》[128]를 징검다리로 삼아보자.

이길호는 '민주적 공론장'과 같은 추상적이고 수상쩍은 규범적 냄새를 풀풀 풍기는 개념보다는 문화인류학적 방법으로 인터넷 커뮤니티 문화에 접근했다는 점에서 다른 연구보다 더 획기적이다. 여기서 그가 주요하게 참고하는 것은 문화인류학에서 말하는 '호수성reciprocity'이라는 개념이다. 예컨대 인류학자 마르셀 모스는 원시사회가 그 내부에서 행하는 선물의 증여와 답례를 통

---

128   이길호,《우리는 디씨》, 이매진, 2012. 참조.

해 사회를 유지한다고 말한다. 원시부족의 구성원은 누군가에게 반드시 선물을 증여할 의무를 안고 있다. 동시에 선물을 증여받는 측은 이에 반드시 답례해야 할 의무를 안는다. 이러한 증여-답례의 호수적 관계를 통해 원시사회 내부의 경제가 비로소 작동한다는 것이다. 이길호는 디시인사이드의 갤러리와 같은 인터넷 커뮤니티에서도 이 같은 증여-답례의 호수성이 커뮤니티를 움직이는 원동력이라고 말한다.[129]

아주 저속한 남성적인 사례를 들어보자. 게시판 관리자의 감시가 소홀한 틈을 타서 유저 중 한 명이 야짤(야한 사진)을 갤러리에 조공으로 올리면 그에 대한 답례로 누군가 다른 야짤 내지는 야동의 품번을 공유한다. 이런 식으로 남자들 간의 야짤의 교환과 섹드립이 지속된다. 이러한 음담패설이 이를테면 갤러리 유저들의 형제애를 뒷받침하는 호수성이다. 여성 커뮤니티 내부에서도 일부 유저들(예를 들어 SLR 탭씨에 비밀 커뮤니티를 만든 여성시대 유저)은 연예인을 대상으로 한 포르노적 망상을 쓴 '팬픽(소설)'을 은밀하게 공유한다. 이것은 '좋은 것을 행하면 좋은 것으로 답하는' 커뮤니티 내부의 긍정적인 호수성의 한 예라고 할 수 있다. 그런데 이와 반대로 부정적인 호수성도 존재한다.

이길호는 《우리는 디씨》에서 갤러리 간에 혹은 디시와 외부 커뮤니티 간에 '전쟁'이 끊임없이 이루어져 왔음을 증언한다.

---

129   같은 책. 48~49쪽 참조.

그 책에는 언급되지 않지만, (약한) 남초 커뮤니티인 '오늘의유머'와 여초 커뮤니티인 '여성시대'의 갈등이 대표적이다. 2015년 이전까지 이들은 야당 정치인을 추종하고 비슷한 유머 코드를 공유하며 친밀한 관계를 맺었다. 그러나 2015년 여성시대 일부 회원들이 오늘의유머 내부에서 여론 조작을 일삼고, 다른 커뮤니티에 비밀 커뮤니티를 만들어 음란물을 공유한 정황이 폭로된 이후 관계는 급격하게 나빠졌다. 이후 양 커뮤니티에서 서로를 조롱하거나 비난하는 글과 짤방을 올리는 모습을 간혹 볼 수 있다. 이것은 '부정적 호수성'의 한 사례다.

커뮤니티 내부에서 '주는 대로 갚는다'라는 호수적 논리는 커뮤니티들 사이의 '전쟁'으로 비화된다. 커뮤니티 간의 전쟁에서는 '보초 서기'과 '화력 집중' 등 실제 전쟁 전술이 동원된다. 예컨대 자신이 추종하는 아이돌에 대한 루머와 분란 글을 작성하는 사람이 있는지 감시하는가 하면, 다른 커뮤니티에서 자기 커뮤니티에 대한 여론이 악화되면 해당 게시판의 링크를 올리고(좌표 찍기) '화력 지원'을 요청하기도 한다.

일상의 대면적 관계에서는 호의를 베풀면 은혜를 갚는 식의 '긍정적 호수성'이 지배적인 반면, 인터넷 커뮤니티 사이에서는 그 특유의 익명성 때문에 '부정적 호수성'이 더 지배적이다. 커뮤니티 내부에서는 익명 유저라 해도 아이피 주소나 유저의 평소 말투를 통해 누가 누구인지를 얼추 특정할 수 있다. 하지만 커뮤니티의 경계를 넘어가는 순간 누가 누구인지 알 수 없다. 그럼에도 다른 커뮤니티에서 건너온 사람이 자기 커뮤니티에서 분탕질을 치면 해당 커뮤니티는 그 사실을 절대 잊지 않는다. 그리고 문제가 되었던 유저의 출신 커뮤니티가 뒤늦게 밝혀지면, 피해를 당한 커뮤니티는 가해자가 소속된 커뮤니티 전체를 싸잡아 비난하게 된다. 이러한 이유로 개별 유저 간의 분쟁은 손쉽게 커뮤니티 간 전쟁으로 비화된다. '좋은 것을 행하면 좋은 것으로 갚는다'라는 일상의 윤리는 사이버 공간에서 '너희들이 그동안 저지른 짓을 배로 되갚아준다'라는 복수의 악순환으로 뒤바뀐다.

이처럼 서로 다른 커뮤니티 유저들과의 (대화와 협상을 동반하는) 대면적 관계가 불가능한 인터넷 공간의 특성상, 커뮤니티 사이에는 과거의 분쟁에서 유래한 원한 의식이 지배적이다. 그리고 그 원한 의식이 오늘날 인터넷 상의 혐오 발언의 상당수를 차지하고 있다(예를 들어 일베충, 여시충, 메퇘지, 웜퇘지, 오유섭선비 등의 커뮤니티 비하 발언). 상대방이 마음에 들지 않으면 상대방의 커뮤니티 출신지를 짐작하며 비난하는 일도 인터넷에서 일상적이다.

이처럼 인터넷 공간은 유저들의 일상적인 윤리적 감각의 변용을 초래한다. 이 때문에 커뮤니티 간 분쟁에서 이루어진 막말에 대해 누구도 일말의 죄악감을 내비치지 않는다. 저들이 과거에 그런 짓을 했기 때문에 내가 하는 행동은 전적으로 정당하다는 것이다. 한편 일베와 메갈리아/워마드는 인터넷에서 반복된 커뮤니티 간 전쟁을 아예 '축제화' '놀이화' 했다. 일부 원시부족들이 여러 세대 동안 지속된 부족 간 전쟁을 놀이로 의례화한 것처럼 말이다.

이러한 커뮤니티 간 전쟁의 외연이 더욱 확장된 사례가 포털사이트의 뉴스 댓글창에서 이루어지는 이른바 '댓글전쟁'이다. 네이버나 다음과 같은 포털사이트 뉴스 댓글창에서 성, 인종, 지역을 싸잡아 비난하는 댓글이 상당한 비중을 차지하며 높은 추천 수를 받고 상단에 올라오는 것을 볼 수 있다. 2015년 상반기까지는 일베의 영향으로 전라도, 여성, 진보 시민에 대한 혐오 발언이 상단에 올라온 경우를 자주 볼 수 있었다. 가만히 들여다보면 일베에서 '화력 지원'을 나온 결과다. 화력 지원이란 특정 게시물에 몰려가서 집단적으로 추천과 댓글을 달아 여론을 조작하는 행위다. 2012년 대선 전후에도 국가정보원이 이 같은 짓을 저질렀다. 한편 2015년 이후에는 '한남충'이라든지 '씹치남'이라는 신조어가 뉴스 댓글 상단을 당당히 차지하는 경우를 간혹 볼 수 있었다. 이것 역시 메갈/워마드에서 화력 지원을 나온 결과다. 이처럼 포털사이트에서 뉴스 댓글의 '점령군'이 주기적으로 교체되는 것을 볼 수 있다. 이것은 커뮤니티 간 전쟁 내지는 '화력 과시'의 연장선상에 있는 현상이다.

문제는 이 뉴스 댓글창이 인터넷 커뮤니티나 SNS를 이용하지 않는 다수의 이용자에게도 노출된 공간이라는 점이다. 이로 인해 다수의 시민이 무차별적인 혐오 발언에 노출된다. 혐오 댓글을 올리고 추천 수를 집단적으로 조작하는 유저들은 이것이 과거 다른 커뮤니티에 대한 정당한 복수라고 생각하겠지만, 애초에 그러한 커뮤니티 간 갈등과 무관한 일반인들도 여기에 휘말려버리는 것이 문제다. 이런 점에서 서울대 '대나무숲'에 올라온 한 글의 지적은 새겨들을 만하다.

"미러링이 실제로 의미가 있으려면, 여성혐오가 문제가 되는 곳에 앞장서서 가서 해야겠죠. 가령 일베에 가서 한다든가. 자기들끼리 모여서 남성혐오를 재생산하거나, 아무 상관없는 사람들이 보는 뉴스 댓글에 가서 테러를 하면서 그것을 미러링이라고 할 수 있는지 의문입니다. 거울은 정반사를 하지 아무 곳으로나 난반사를 하지 않습니다."

인터넷 커뮤니티들이 뉴스 댓글에 화력 지원을 하는 사례를 한 가지씩 들어보자. 2016년 구의역에서 스크린도어를 정비하던 20대 비정규직 남성이 열차에 치여 사망한 사고가 일어났을 때, 5월 31일 한 포털 뉴스 댓글란에 유독 박원순 서울시장에 대한 비난 글이 폭주한 것을 볼 수 있었다.[130] 물론 해당 사건이 일어난 구조적 배경에 대해 박원순 시장의 책임을 물을 수는 있지만, 유독 특정 포털 뉴스에서 박원순을 겨냥한 책임론이 댓글창에 자주 출몰하는 것은 일베에서 나온 화력 지원의 결과라고 의심해볼 수 있다. 실제로 네이트에 올라온 한 뉴스 댓글창에 "(박원순) 강남 살인 추모 간 것은 인증하더니 정작 가야 할 구의역은 안 가고 축구장 가시더만? (사육사의 사망 사건이 일어난) 서울대공원과 메트로 사장 비전문가로 앉힌 것 청문회 하라" "(축구경기)시축이나 하고

---

130   http://news.nate.com/view/20160531n02915

다니는 그 분이 5월 중순 지하철 타고 안전점검했다더라 근데 사고에 왜 암 말도 없노 불리할 땐 입 닫는 게 딱 정치인 표본이네"라는 댓글이 베플로 올라와 있다. 한편 일베 내부에 해당 뉴스 기사에 대한 화력 지원을 요청한 글이 올라왔다.[131] 기사의 맥락과 전혀 무관한 '강남역 살인사건 추모'가 비난의 도마에 오른 것과 '~노'라는 일베 말투가 베플에 당당히 등극한 배경을 이해할 수 있는 정황이다. 참고로 이후(6월 2일) 박원순 서울시장은 고인의 빈소에 찾아가 조의를 표하고 구의역 사고에 대한 서울시장으로서의 책임 표명을 한 바 있다.

메갈리아/워마드의 경우에도 일베와 마찬가지로 다수의 사회·정치 기사에 화력 지원을 나서 베플을 조작한 정황을 찾아볼 수 있다. 2015년 12월 13일, 이혼한 전 남편의 살인을 청부한 여성에 관한 기사가 올라왔다.[132] 이것은 그 자체로 젠더 혐오 쟁점과 무관한 사건이다. 그럼에도 일부 베플 중에는 "어떤 이유로 이혼했길래 살인할 맘을 다 먹었을까" "대모님을 여기서 뵙읍니다..." "도덕적으론 절대 있을 수 없는 일이지만 어쩔 땐 상상으론 저러고 싶을 때가 있다"라며 가해자에게 동정적인 글들이 올라왔다. 여기서 '대모님'은 메갈리아 내부에서 남성을 대상으로 폭력을 가한 여성을 찬양할 때 붙이는 별명이다. 한편 메갈리아에서는

131   http://ilbe.com/8147100640

132   http://m.news.naver.com/read.nhn?oid=056&aid=0010262628&sid1=102&backUrl=퍼센트2Fhome.nhn

해당 뉴스 기사를 링크하며 "★★★메인 화력지원★★★ 아따 벌써 간 년들도 있다. 그만 맘이 든든해져부리네잉"[133]이라는 글을 올린 네티즌들이 있었다. 즉 메갈리아의 화력 지원 결과 일반인의 상식으로 설명하기 힘든 댓글이 베플로 올라온 것이다.

물론 메갈리아 유저들은 이 같은 여론 조작을 '그동안 남성들이 더 많이 해왔다'라는 논리로 정당화하곤 한다. 한 회원은 2015년 10월 24일에 "우리가 지원 가는데 기껏 많아봐야 몇 백 아님? 근데 남혐 댓글 보면 추천이 몇 천 찍혀 있다"라고 주장한다.[134] 또한 남자 어린이를 대상으로 "좆린이 먹고 싶다"라는 보육교사 출신 메갈리안의 성희롱 발언이 언론에 기사화되자 메갈리안 회원들이 화력 지원을 나서서 '왜 여자들에게만 엄격한 잣대를 적용하느냐'라는 식의 가해자 옹호 댓글을 도배했다는 증거가 남아 있다.[135]

메갈리아에서는 아예 운영진이 초창기인 2015년 8월부터 "화력 지원 부탁!"이라며 공지사항으로 남녀 성대결 성격의 기사의 좌표를 찍고 회원들에게 댓글 도배를 요청하는 일이 있었다.[136] 더 나아가 메갈리아에서는 타 커뮤니티에서 여론 조작을 할 수 있는 구체적인 비법이 공유되었다. 2015년 10월 1일 한 메갈리아 유

133   http://www.megalian.com/free/361257 추천 7 비추천 0
134   http://megalian.com/free/237068 추천 250 비추천 0
135   https://archive.is/9TBAy 추천 81 비추천 1
136   http://megalian.com/free/24455 추천 219 비추천 5

저는 "방문 수 높은 아이디일수록 효과적임 우선 코르셋 장착한 개념녀인 척 메갈이랑 여시 욕하는 글이랑 댓글을 써라ㅋㅋ 그 다음에 헷갈릴 만한 댓글 종종 던져주면 됨. 그럼 누군가 너 갓치를 이 년 메갈이래요~~~ 하고 저격할 텐데 그때 예전에 쓴 메갈 욕하는 글 갖고 와서 오인사격(사실상 명중인 부분)이라고 지적하면 된다ㅋ"[137]라며 자신이 메갈 유저라는 사실을 숨긴 채 오늘의유머라는 사이트에서 남녀 갈등 분란을 일으킬 수 있었던 구체적인 비법을 공유했다.

다른 유저는 2015년 9월 26일에 "여초 커뮤에 남혐 심기 어렵지 않음"[138]이라는 제목의 글에서 "(노골적으로) 영업하려 하면 역효과 남"이라고 주의를 준 다음, "나 같은 경우는 작은 여초 커뮤에 하루 1개씩 더도 말고 딱 한 개씩 메갈 뉴스에 올라온 특히 극악한 기사 골라서 올림. 대부분이 이별살인류인 염산, 여친 살해 후 맨홀 유기 등등"이라고 조언하고 있다. 이 방법을 "충격요법" "공포 세뇌"라고 소개한 해당 유저는 이렇게 "매일 한 개씩 딱 한 달만 하면 여자애들 남혐 생기더라"라며 그 효과를 보고하고 있다. 이처럼 메갈리아의 여론 조작 양상이 조직적이고 지능적이었다는 정황을 확인할 수 있다.

이처럼 한번 화력 과시가 시작되면 너도나도 댓글 도배에 나서 상대방을 제압하려 시도하는 등 일종의 악순환이 시작된다.

---

137   http://megalian.com/free/186907 추천 341 비추천 4

138   http://megalian.com/free/173351 추천 368 비추천 1

일베와 메갈리아의 화력 지원 요청 글.

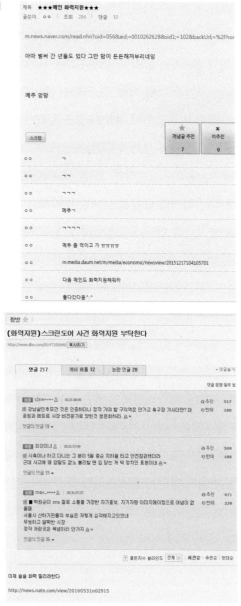

예컨대 디시인사이드의 '주식갤러리'나 '무한도전갤러리'에서도 메갈/워마드의 화력 지원 정황을 포착하면 마찬가지로 좌표를 찍고 대응하자는 글이 올라온다.

이쯤 되면 일부 연구자와 언론인들이 말한 '대안-공론장'의 의미가 무엇인지 되묻고 싶을 정도다. 대다수의 인터넷에서 이루어지는 사회 문제에 대한 논쟁은 위르겐 하버마스가 우려 조로 말한 "제조된 공론장"[139] 혹은 붕괴된 공론장 위에서 이루어진다. 우리는 인터넷 상에서 상대방의 정체가 무엇인지 알지 못하기 때문에 그만큼 아무에게나 나의 상상 속에 있는 적대적 이미지를 상대 집단에 무차별적으로 투사하곤 한다. 바로 거기서 '미러링'의 논리가 나오는 것이다. 나는 네가 누구인지 모르겠지만 네가 나에게 피해를 입힌 사람과 같은 집단(인종, 성별, 지역, 커뮤니티 등등)이므로 너에게 복수를 하겠다는 논리다. 그 순간 공론장은 붕괴하며 '화력 과시의 민주주의'만이 남는다. 우주의 별이 붕괴하면 그 자리에 블랙홀이 생기듯이 공론장이 붕괴한 자리에는 누가 더 자극적인 언사로 얼마나 많은 사람을 무차별적으로 상처 입힐 수 있느냐의 여부로 승부를 보는 전쟁터가 출현한다. 그곳은 일상의 증오심과 혐오 발언을 블랙홀처럼 흡수한다. 더 많은 사람에게 민폐를 끼친 집단이 화력 경쟁에서 '승리'할 때 해당 집단은 이를 '사이다' 혹은 '정의구현'이라고 자축한다.

---

139   위르겐 하버마스, 한승완 역, 《공론장의 구조변동》, 나남, 2004.

계급투쟁이나 성별투쟁을 통해 타인을 말살하자는 사상이 아닌 이상, 여성주의든 무슨 이념이든 기본적으로 자신의 문제를 타인이 공유해주어야 한다는 요구에 입각해 있다. 문제는 공론장이 붕괴하면 자신의 문제를 타인이 공유할 장소 자체가 사라진다는 것이다.

메갈리아에 대한 슬픈 짝사랑

이번에는 앞에서 여성학자 이나영이 기대 조로 말한, 인터넷 커뮤니티를 통한 '정치적 주체화'의 맹점을 짚어보자. 마루야마 마사오라는 일본의 정치철학자는 전통사회에서 어떻게 개인이 분화되어 나오며, 그러한 개인이 공공의 문제에 어떻게 관계하는가를 이론적으로 고찰했다.[140] 이때 그는 세로축에 '결사 형성적associative'과 '결사 비형성적dissociative'이라는 구분을, 가로축에는 권위에 대한 '구심적' 태도와 '원심적' 태도라는 구분을 도입한다. 이렇게 해서 공공의 문제에 관여하는 네 가지 유형의 개인이 식별된다. 물론 한 개인이 일생 동안 한 가지 유형에 전면적으로 매몰되어 있는 경우는 드물다.

140　　가라타니 고진, 조영일 역, 《자연과 인간》, 도서출판b, 2013, 205~206쪽에서 재인용.

② 자립화 individualized	① 민주화 democratization
③ 사화私化 privatization	④ 원자화 atomization

　　마루야마의 논의를 그대로 인용해보자. '민주화'된 유형의
개인(①)은 집단적인 정치 활동에 참여하는 사람이다. 정당 당원
이나 학생 운동권이 대표적이다. 이어서 '자립화'된 유형의 개인
(②)은 집단적 정치 활동에서 벗어나 있지만 결사 형성적이다. 평
소에는 개인주의적이지만 여차하면 결사 형성적이다. '개인적인
것이야말로 정치적이다'라고 힘주어 말하는 아나키스트와 생태주
의자 그리고 여성주의자 집단에서 자주 관찰되는 유형이다. ①은
중앙권력을 통한 개혁을 중시하는 데 비해 ②는 시민적 활동을 중
시한다.

　　반면에 '사화私化'된 개인(③)은 '민주화' 유형(①)과 정반대
다. 공공의 문제에 관여하는 것을 거부하고 사적인 세계에 틀어박
히는 사람이다. 각자의 취미생활에 틀어박혀 있는 오타쿠들이 대
표적이다. 마지막으로 '원자화'된 개인(④)은 사화된 개인(③)과 닮
았지만 다음과 같은 점에서 다르다. 즉 ④는 보통 공공의 문제에
대해 무관심하지만 종종 열광적인fanatic 정치 참여로 비약한다.
즉 사화된 개인(③)이 정치 참여를 거부하는 데 반해, 원자화된 개
인(④)은 "과잉 정치화와 완전한 무관심 사이를 왕복한다." 이것

은 특히 인터넷 커뮤니티와 SNS를 통해 공공의 문제에 관여하는 개인의 존재 방식이라고 할 수 있다. 일상의 소소한 잡담을 하다가 돌연 '헬조선'의 '금수저'들에 대해 '죽창'을 들어야 한다고 분노에 휩싸이는 식이다.

그렇다면 원자화된 개인에게 가능한 정치적 주체화의 방식은 무엇일까? 바로 정치인에 대한 '팬덤 문화'와 '극단적인 정치 혐오'다. 특히 메갈리아/워마드와 일베 같은 혐오 사이트의 경우 가장 돋보이는 것이 '정치 혐오'다. 다수의 인터넷 커뮤니티에서는 자신의 가치관과 이념을 단언하기보다는 다른 정치인에 대한 혐오감을 표시하는 형태의 우회적인 의견 개진이 더 활발하다. 가령 필자가 간혹 눈팅하는 디시인사이드의 주식갤러리에는 사회 이슈에 대한 게시글이 자주 올라오는데 댓글창은 그야말로 정치 혐오의 각축장이다. 새누리당과 '통구이'(인터넷 우익에 대한 비하 발언) 그리고 경상도에 대한 비하 발언. 야당과 전라도에 대해 '홍어' 운운하는 혐오 발언이 서로 경쟁을 벌인다.

한편 현실의 (제정신을 지닌) 시민단체 회원이나 당원들의 경우는 자기 자신의 정견에 입각해 시사 문제에 대한 판단을 내리고 결사·집회에 참여할지 말지를 결정한다. 그런 점에서 민주화된 개인이나 자립화된 개인 모두 '자기 지향적' 유형이지만, 인터넷 상에서 공공의 문제를 논하는 원자화된 개인은 자신의 정치적 포지션이 타인에 대한 호오에 의해 결정된다는 점에서 명백히 '타인 지향적'이라고 할 수 있다. 특히 원자화된 개인은 타인을 추종하거나 증오하는 것을 넘어서서 대안적인 사회적 관계를 구축하거나 정치적 비전을 추구하는 데 관심이 없다. 이는 기성 정치권과 시민단체들이 인터넷 커뮤니티와 SNS 상에 결집된 여론을 '추수'하기 어려운 이유이기도 하다. 오히려 인터넷 상의 여론을 재활용하려는 직접적인 시도는 역으로 인터넷 상의 반발에 부딪힐 가능성이 크다.

실제로 메갈리아 내부에서 녹색당 당원들이 '여성주의' 정당이라며 자기 당을 홍보하고 가입을 권유하다가 일부 회원들로부터 백안시를 당한 적이 있다(이른바 '녹색당 사태').[141] 이 일 이후 메갈리아가 '게이=똥꼬충' 비하 논란에 휩싸이면서 메갈리아/워마드 내부에 운동권 혐오 정서가 다시 일기 시작했다. 외부에서 유입된 운동권들이 자신들의 남성혐오 발언에 대해 이래라저래라 하는 것이 불만이라는 것이다. 한 유저는 2016년 1월 1일에 "영자=뀐일 듯. 운동권은 오빠가 허락한 페미니즘을 할 확률이 크다 수뇌부도 자지가 묻어 있을 확률이 크기 때문. 그래서 도덕충이란 말 하나로 더 이상의 이해 없이 (똥꼬충 발언을) 탄압한 거라고 생각함. 뀐은 제약이 많다. 똥꼬충 쓰지 말라는 압박 있었겠지"[142]라며 다수 유저의 당시 상황 인식을 비춰주었다. 일부 워마드 회원들이 '재기해(자살해)' 발언으로 논란을 일으키며 각종 폭행 시비로 얼룩진 강남역 추모 시위 직전에도, 한 트위터 회원은 "강남살

---

141   http://www.megalian.com/free/271529 추천 11 비추천 25
142   http://www.megalian.com/free/366311 추천 14 비추천 4

@vih8lAbYNjmeDiR

강남살인사건 피해자의 추모는 여성커뮤니티 '워
마드'와'여성시대'회원들부터 주최되었습니다. 억
울하게 희생된 피해자의 명복을 비는 자리입니
다. 운동권 단체분들 본인들의 이익을 위해 여성
들을 농락하지 말아주세요 #정장남

4:24 AM - 18 May 2016

1,357 RETWEETS   **122** LIKES

강남역 추모 시위에 대한
운동권의 개입을 거부하
는 반응.

인사건 피해자의 추모는 여성 커뮤니티 '워마드'와 '여성시대' 회
원들로부터 주최되었다"라며 "운동권 단체 분들 본인들의 이익을
위해 여성들을 농락하지 말아주세요"라고 말하고 있다.

종합하면 이들이 추구하는 정치적 주체화는 어디까지나
타인 혐오에 입각한 것으로서 그 외의 다른 방식으로 정치·사회
집단과 연대할 가능성은 거의 전무하다고 할 수 있다.

또 다른 사례도 있다. 한 진보 성향의 인터넷 언론의 남자
기자가 2016년 7~8월경에 있었던 메갈리아/워마드 논란을 지켜
본 끝에 "메갈리아에 대한 공정한 서술을 지향해야 한다"라며,
'우리는 메갈리안'이라는 부제의 책을 출간하겠다는 계획을 후원
금 모집 사이트에 밝힌 바 있다.[143] 해당 기자는 메갈리아의 반사

---

143   https://www.tumblbug.com/megalian

한 진보 언론 남자 기자의 메갈리
아에 대한 동정적인 출판 계획(위)
과 이에 대한 워마드 내부의 악플
들(아래).

회적 발언들에 대한 그동안의 논란들이 '앞뒤 맥락 자르는' 폭로

에 지나지 않는다며 분명 메갈리아에 대한 동정적인 시각을 내비

쳤음에도, 정작 워마드에서는 "뭐여 자지여? 자지가 뭔 메갈인 척

하노?" "꿘충 다 애비 뒤진 좆창 새끼들" 같은 험한 악플로 도배

되었다.[144] 해당 기자가 운동권 성향이라는 점과 과거 메갈리아에

대해 약간의 비판적인 언급을 한 것에 대한 트집 그리고 남성이
여성 사이트에 대해 발언하고 돈을 모은다는 자격론 시비가 반응
의 대부분이었다. 심지어 해당 기자의 페이스북 계정의 댓글에는
'재기해(자살해)'라는 망언이 잇달았다.

    이처럼 메갈리아/워마드 신드롬을 여성주의 운동의 일환
으로 의미를 부여하고 운동으로 자리매김하도록 하려는 시도들이
최근까지 있었지만, 이 같은 시도는 일부 연구자와 활동가들의 슬
픈 '짝사랑'에 가까운 것이었다고 할 수 있다. 정작 메갈리아/워마
드 유저 대다수는 운동권과 진보진영에 대한 정치 혐오 정서를 기
본적으로 내장하고 있기 때문이다. 이것은 그들이 다가가고자 한
대중의 특성과 정서 그리고 인터넷 공간의 특성에 대해 무지했다
는 것을 다시 한 번 보여준다. 문제는 인터넷의 군중심리에 대한
무지와 환상이 비단 메갈리아/워마드 신드롬에 한해서만 노출된
것이 아니라는 점이다. 2002년 미군 장갑차 사건에서부터 2008년
광우병 촛불시위를 거쳐 2016년의 강남역 추모 시위까지 지속적
으로 반복되어 왔다. 이 문제는 5장에서 다시 다룰 것이다.

인권 담론은
문제를 해결할 수 있을까

4장

남녀관계가 자신에게
불공정거래라 생각하는 젊은이들

지금까지 메갈리아/워마드 신드롬의 과열 양상을 살펴보았지만, 사실 메갈/워마드에 반감을 품는 여초 커뮤니티에도 '한남충' '썹치남' 등 남성혐오 발언이 만연해 있다. 일례로 2016년 6월 현재 메갈/워마드 언급 금지를 공지로 내걸고 있는 '쭉빵카페 http://cafe.daum.net/ok122'에서 '한남'이라는 키워드를 검색해보면 "진짜 한남 혐오+공포증 생기는 것 같아" 등 다수의 남성혐오 게시글을 볼 수 있다. 마찬가지로 디시인사이드 주식갤러리에서는 한국 여성을 '김치녀'로 비난하는 게시글이 주기적으로 개념글에 올라가는 것을 볼 수 있다. "헬조선..... 김치녀..... 총정리.jpg" 따위의 제목이 붙은, 그동안의 여성혐오 자료를 집대성한 게시글들 말이다. 대부분 기본적인 사실관계가 왜곡된 자료들이다. 한편 주갤 이용자의 상당수는 일베에 반감을 품고 있지만 그들 역시 여성혐오 발언에 공감하고 있다.

젠더 혐오가 인터넷에 이토록 만연한 이유는 무엇일까? 먼저 그 원인이 '결혼'과 '연애'를 둘러싼 사회적 갈등에 있다는 분석이 있다. 《시사IN》의 〈여자를 혐오한 남자들의 탄생〉이라는 기사는 데이터 컨설팅 회사와 함께 일베에서 드러나는 '여성혐오 지도'를 그렸다. 게시글 43만 개를 자료로 삼아 여성 관련 논의를 추출하여 분석한 결과, 여성혐오의 탄생지로 '연애'와 '결혼'이 지목되었다. 남녀 갈등의 오랜 떡밥(소재)인 군대 문제는 의외로 많이 언급되지 않았다고 한다. 실제로 인터넷 상의 여성혐오 발언 중 상당수는 여성이 데이트 중에 제 값을 지불하지 않으며, 결혼에서 집값 마련 비용이 남성에게 떠맡겨진다는 것을 불평하고 있다.

이에 대해 해당 기사에서 (진보 진영에서 이 문제에 관해 가장 깊은 통찰을 보여주는) 천관율 기자는 한국 사회에서 오랫동안 누적되어온 성비 불균형에 입각해 과감한 가설들을 제시한다. 산아 제한과 남아 선호 사상이 결합되어 나타난 성 감별 낙태의 유행으로 인해 1980년대 후반에서 1990년대 초반 출생 세대에는 압도적인 성비 불균형이 존재한다. 통계청 조사[145]에 따르면 1986년에서 1995년 사이 태어난 남아와 여아의 성비는 평균 113.2다. 특히

1990년에는 성비가 116까지 치솟았다. 한국 사회의 남아/여아의 성비가 (103~107 수준으로 이야기되는) 정상 성비 혹은 자연 성비에 진입한 것은 2007년 이후부터다. 그때까지 성비 불균형이 심각하게 '누적'되어왔다.

더 나아가 문화적인 성비 불균형도 무시할 수 없다. 2014년 기준 20~29세 남녀 중에서 결혼에 적극적인 의사를 밝힌 남성이 전체 남성의 57.8퍼센트였다면 여성은 44.7퍼센트에 불과했다. 이러한 문화적 성비 불균형까지 고려하면 결혼·연애 시장에서 성비 문제는 더욱 악화된다. 천관율 기자는 이들 '잉여 남성' 인구가 여성혐오의 진앙지라고 지목하고 있다. 일단 이들 "여성혐오 집단에서 사례가 수집되면 축적되고, 공유되고, 증폭되며, 결국 일반화된 혐오 서사를 만들어낸다. 그렇게 혐오는 자기 강화의 경로에 올라탄다."

그렇다면 왜 연애·결혼 시장에서 (남자들에게 불리한) 성비 불균형이 여성에 대한 선망이 아닌, 여성혐오로 이어지는 것일까? 천 기자는 그것을 "절망적인 가격 흥정 전략"이라는 가설로 답하고 있다. 어차피 생물학적 성비 격차를 역전시킬 수 없는 이상, 여성의 가치를 의도적으로 폄하함으로써 자신의 상대적인 가치를 확보하려는 의도라는 것이다. 어찌 보면 못 마실 우물에 독을 타는 심리라고 할 수 있다.

145   《2015 통계로 보는 여성의 삶》, 통계청.

한편 인터넷 커뮤니티의 밑바닥 여론은 젠더 혐오에 대한 설명을 다른 관점에서 이야기하고 있다. 2016년 5월경 여러 인터넷 커뮤니티에 공유되면서 화제가 된 한 글(서울대 커뮤니티 스누라이프에서 유출된 것으로 보인다)은 "지금 20대 중·후반 넘어가는 세대가 대한민국 여성 중에서 최고로 꿀을 빨던 세대"라고 주장한다. 그 근거로 드는 것이 여대의 약과대학, 공무원 여성 할당제, 불평등한 병역 부담과 더불어, 데이트 비용과 결혼 비용을 남성에게 8 대 2로 전가시켰다는 관행이다. 그 글의 주장에 따르면 "한국 남자 대부분이 겪고 있는 결혼 부담 비용, 경제적 부담 전가 등은 이슬람 국가 급의 가부장적 부담"이라며, 2010년대에 있었던 김치녀 논쟁은 비록 여성혐오 양상으로 과열되긴 했지만 기본적으로 "여성들이 남성을 착취하고 있다"라는 사실을 젊은 남성들이 자각한 데서 시작된 것이라고 주장한다.

또한 그 글은 메갈리아/워마드에서 진행되는 남성혐오가 20대 후반의 여성들이 "자신들이 남성을 착취하며 누리는 꿀을 빼앗길까 봐 두려운" 상태에서 나온 것이라고 설명한다. 이어서 그 글의 필자는 "현대적인 성적·직업적 자유를 누려온 여성에 비해 전통적인 국방의무에 경제적 부담은 다 지고 미래까지 책임지는 불공정거래를 해온 대부분의 80년대 생 남성들에게 애도"를 표하며, 1990년대 생 이후부터는 이 같은 불공정거래를 하지 않을 것이라고 단언한다. 한 세대와 한 성별 전체의 의도를 싸잡아 말하는 음모론적 시각이지만, 결국 이 글이 전달하고자 한 핵심은

그동안의 젊은 남성들에게 결혼과 연애 자체는 '불공정거래'였다
는 것이다.

구체적인 데이터를 보자. 여성가족부가 (전체 인구분포를 고
려해 표본으로 추출한) 2500가구를 대상으로 설문조사한 결과에 따
르면, 2010년 기준 평균 결혼 비용은 남녀 각각 8078만 원, 2936만
원으로 나타났다.[146] 이는 주거 비용을 제외한 수치다. 한편 같은
조사에서 75퍼센트의 여성이 신혼집 마련 비용에 0원을 냈다고
응답했다. 이러한 사항들이 다수 남초 커뮤니티의 여성혐오 떡밥
으로 즐겨 인용되고 있다. 물론 이 통계만으로는 현재 젊은 세대
남성의 결혼 비용 부담 실태를 알 수 없다. 한편 2012년 기준으로
신혼집 마련을 동등하게 부담해야 한다는 생각에 대해, 25~35세
사이의 미혼남성(64.0퍼센트)과 결혼 3년 미만의 남성(56.8퍼센트)
모두 동일한 조건의 여성보다 2배 이상 공감하는 것으로 나타났
다.[147] 신혼집 마련에 관한 남녀 간 인식 격차가 젊은 세대 사이에
서도 지속되었던 것이다. 혹자는 IMF 이후 부동산 가격이 지속적
으로 상승한 반면 노동 소득이 정체된 만큼 이러한 집값 마련 비
용이 젊은 남성들에게 큰 부담이라고 주장한다.

천관율 기자의 분석과 인터넷 상에서 남성들의 불평이 공

---

146 여성가족부,《2010년 제2차 가족실태조사》, 2010. "본 보고서는 대구대학교 산학협
력단이 여성가족부의 연구용역 의뢰를 받아 수행한 연구결과로 (……) 보고서의 내
용은 연구진의 의견이며 여성가족부의 공식적인 입장이 아님"이라고 밝히고 있다.

147 한국여성정책연구원,《가족정책전략연구 총괄보고서》, 2012.

유하는 논리는 결혼·연애 시장에서 남성이 '불리한' 위치에 처해 있다는 것이다. 차이가 있다면 전자는 인구 불균형을 이유로 내세우고, 후자는 경제적인 이유를 내세운다는 점이다. 실제로 한국여성정책연구원이 청년 남성을 대상으로 설문조사한 결과에 따르면, 여성가족부에 대한 반감 다음으로 '남자에게 의존해서 사치를 일삼는 여자'라는 성 고정관념이 여성혐오의 원인인 것으로 나타났다.[148]

한편 많은 인터넷 상의 여성혐오 자료들이 궁극적으로 내세우는 해법(?)은 '여성혐오' 그 자체이기보다는 여성과의 이런 불공정거래에 대한 '거래 거절'이다. 앞서 본 한국여성정책연구원의 설문조사 결과에 따르면 10~30대 남성 중에서 여성혐오적 표현에 공감한다는 응답자는 무려 54퍼센트였으나 그중 21퍼센트만이 실제 여성혐오적 표현을 게시했다고 응답했다. 한편 일베의 경우에도 여성 적대적 게시글 및 댓글의 92.4퍼센트의 작성자들은 5개 이하의 게시글을 작성했고, 51개 이상의 많은 베스트 게시글을 올린 이는 전체 작성자의 0.2퍼센트였다. 그렇다면 그 나머지, 여성혐오에 대한 '소극적 공감층'이 선택하는 것은 인터넷 상의 입씨름이 아니라 다른 무언가다.

앞의 스누라이프 유출 글과 비슷한 논조로 디시인사이드 주식갤러리에 올라온 "80-90년대 생 여자들이 남혐하는 진짜 이

---

148   〈남성의 삶에 관한 기초연구(Ⅱ): 청년층 남성의 성평등 가치 갈등 요인을 중심으로〉, 한국여성정책연구원, 2015.

유"라는 글은 현실을 깨달은 남성들이 자발적으로 초식남이 되고 결혼을 포기하고 있다고 주장한다.[149] 어떤 의미에서는 이 역시 현실의 단면을 일정 부분 반영한다. 2008년에서 2014년 사이 결혼에 대한 긍정 의사를 밝힌 여성 비율이 52.9퍼센트에서 44.7퍼센트로 8.2퍼센트 하락한 반면, 남성 비율은 71.9퍼센트에서 57퍼센트로 14퍼센트 이상 하락했다. 결혼 긍정론자들이 남성 측에서 최근 더욱 가파르게 감소한 것이다.[150] 또한 결혼 의사에 대한 응답과 별개로, 통계청 자료에 따르면 34~49세 남성의 미혼 비율이 20.1퍼센트로 11.8퍼센트인 동일 연령층 미혼 여성보다 약 2배나 많다.[151] 이것 역시 단순한 성별 인구 불균형으로만 설명할 수 없는 수준의 격차다. 일부 전문가들은 이와 관련해 경제 위기와 불평등 심화로 인해 결혼을 스스로 포기하는 남성이 늘고 있다고 진단한다.

한편 젊은 남성의 경우 최근에야 인터넷 상에서 결혼·연애 무용론이 제기되고 있지만, 젊은 여성 사이에서는 이전부터 결혼과 연애에 대한 회의론이 공유되고 있었다. 디시인사이드 '역학갤러리'에서 작성되어 네이트 판에도 공유된 "남자가 결혼하면 이득인 이유"[152]라는 글에는 조금 더 노골적인 계산이 포함되어 있다. 해당 글은 남자가 결혼을 하면 "무료 출산+무료 육아+무료 가

149   http://gall.dcinside.com/board/view/?id=stock_new1&no=3116756
150   통계청. 국가통계포털(KOSIS)〉보건 · 사회 · 복지〉사회〉사회조사〉가족 항목. 2008~2014
151   통계청, 국가통계포털(KOSIS)〉인구동향조사. 2010.
152   http://gall.dcinside.com/board/view/?id=divination&no=3637720

사노동+무료 섹스를 평생 공짜로 누린다"라는 논리에서 출발해
대리모 시세와 육아도우미 시세 그리고 성매매 시세를 나름대로
산정한 다음 "남자는 결혼하면 21억 이득"이라는 결론을 내린다.
따라서 "여자는 최소 20억 있는 남자와 혼수 없이 결혼해야 겨우
더치페이다"라는 논리다. 다소 과격한 논리임에도 해당 글이 네이
트 판에 공유된 이후 2016년 6월 현재 추천 627에 반대 130을 기
록하고 있다.[153]

　　한편 해당 글에 달린 베플은 조금 더 현실적인 이유에서
결혼이 여성의 입장에서 불공정거래라는 인식을 상술하고 있다.
"남자들이 (……) 꼭 부인한테 효도 강요하지. 똥오줌 못 가리고
부인이 지 부모한테 효도할 것을 강요하는 것들은 어찌 이리 많은
지"라는 첫 번째 베플은 이른바 여초 커뮤니티에서 오랫동안 문
제시되어왔던 '대리 효도' 문제를 이야기하고 있다.

　　두 번째 베플은 "자꾸 데이트도 니들이 짜와라 돈도 반 내
라 결혼할 때도 반반해라 하는데 니들은 도대체 뭘 할 거냐? 결혼
하면 요리를 해 집안일을 해 육아를 해 시댁을 지가 모시길 해 뭘
해 도대체ㅋㅋ 연애 때 그렇게 반으로 나누고 왜 결혼하면 우리한
테 다 전가하는데? 이것 자체가 호구로 본다는 사실이지"라고 말
하고 있다. 여성가족부 통계에 따르면 실제로 2014년 현재 우리나
라 여성의 평균 가정관리 시간은 하루 2시간 27분으로 하루 31분

153　　http://pann.nate.com/talk/331546448

인 남성보다 5배 이상 많았다.[154] 미국, 영국, 호주 등 다른 영미권 국가 남성들은 1시간 40~50분을 투자하는 것으로 조사되었다.

세 번째 베플은 더 근본적인 문제를 지적하고 있다.

"OECD 국가 중 복지비용 최하임. 노인 간병, 아이 교육, 육아, 가족 건강과 돈벌이를 하기까지의 지원 등 정말 비용을 들이긴커녕 있는 것도 줄이고 있음. 그럼에도 생활수준은 OECD 절반까지는 가니까 신기하지. 이거 다 누가 할까? 괜히 정부에서 가사를 하찮게 여기고 여자가 당연히 할 것, 즉 공짜 노동이라고 주입시키는 게 아님. 세금에서 떼어서 복지 투자해야 되는데 대신 여자들 갈아서 사회복지망 간신히 유지하고 있는 거."

즉 국가와 사회가 부담해야 할 복지비용을 여성의 '그림자 노동'을 통해 충당하고 있다는 주장이다. 2009년 한국보건사회연구원의 조사 결과에 따르면, 지금까지 취업 여성의 39.3퍼센트가 결혼 준비와 출산·육아 등의 이유로 경력 단절을 경험했다. 특히 돌봄 노동으로 인한 경력 단절까지 합치면 더욱 높은 수치를 보일 것이다. 이는 OECD 기준으로 한국이 남녀 임금 격차 세계 1위에 등극한 현상을 상당 부분 설명한다. 2010년 조사 대상이 된 OECD 19개 가입국 중에서 25~39세 노동인구의 성별 임금 격차는 9위로 중위권이었지만, 40대와 50대의 성별 임금 격차가 조사 대상국 중에서 가장 높은 것으로 나타났다.[155] 20대의 경우 남녀

154   통계청, 《2015 통계로 보는 여성의 삶》
155   OECD, 《Closing the Gender Gap Act Now》, 169p.

임금 격차는 비교적 낮지만 중장년층 여성이 겪은 유리천장과 경력 단절이 전체 연령의 남녀 임금 격차를 심화시킨 것으로 보인다.

흥미롭게도 마지막 베플은 한국 여성들이 '초식녀'가 되기를 선택하고 있다며 서울대 스누라이프와 디시인사이드 주갤에 올라온 글과 정확히 대칭적인 주장을 전개하고 있다.

"(한국 남성들이) 괜히 요즘에 30대 막 들어선 여자들 욕하는 게 아님. 괜히 된장녀가 그때부터 나온 게 아니라니까. (물론 이건 급격하게 불평등화된 사회 탓도 있음.) 그때 여자들이 아 ㅅㅂ 이렇게 가다간 인생 조지겠다. 울 엄마 혹은 언니들처럼 사는 게 사람 사는 거냐 깨닫고 결혼 안 하기 시작, 즉 안 갈리기 시작하니까 조낸 쪼는 거야. 야 왜 너네 지금까지처럼 노예로 안 사냐 빨리 남자한테 속해서 노예생활 해라!! 복지망이 되라고!! 울 엄마뿐만이 아니라 이모들, 친인척들 중 여성 어른들이 괜히 능력 있으면 혼자 살아라 하는 게 아님."

이외에도 여초 커뮤니티에서는 성관계 때 '임신'과 '성병' '자궁경부암' 등의 질병에 노출될 위험을 여성이 홀로 떠안으므로 모텔 비용을 남성이 내야 한다는 식의 주장을 흔히 볼 수 있다. 또한 메갈리아/워마드에서 전가의 보도로 사용하는 주장은 남성이 성매매를 통해 여성에게 자궁경부암 등의 질환을 유발한다는 것이다. 여초 커뮤니티에서 널리 공유되고 공감을 얻은 "우리가 남혐을 해야 하는 이유.jpg"라는 제목의 짤방은 만화의 형식으로 남성혐오의 여러 이유를 열거하고 있다.[156] 가령 남성들의 성매매에

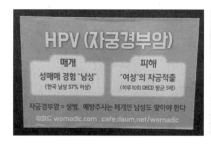

한 서울 소재 사립대학 여자화장실에 붙은 워마드 홍보 스티커.

서부터 경력 단절과 가사노동의 전가 그리고 임금 격차와 성범죄 등등의 문제들이다.

이제까지의 논의를 요약하기 전에 마지막으로 특기할 만한 것이 있다. 전체적인 인구 불균형으로만 설명할 수 없는 남녀 간의 수요와 공급의 불일치가 존재한다는 점이다. 가령 1980~90년대 여아 낙태로 인해 나타난 생물학적 성비 불균형에 여성이 결혼에 더 소극적인 문화적 성비 불균형을 더해도, 잉여 남성인구 집단은 전체 결혼 적령기 남성의 10~20퍼센트로 추산된다. 그러나 앞서 인용한 조사 결과에 따르면 '김치녀' '된장녀' 같은 여성혐오 발언에 공감한다는 10~30대 남성의 비율은 54퍼센트를 넘는다.[157] 인구학적으로 볼 때 애초부터 결혼의 가망이 보이지 않는 10~20퍼

---

156 http://pann.nate.com/talk/330690405

157 〈남성의 삶에 관한 기초연구(Ⅱ): 청년층 남성의 성평등 가치 갈등 요인을 중심으로〉, 한국여성정책연구원, 2015.

센트의 결혼 적령기 미혼 남성 인구가 인터넷을 매개로 여성을 만날 가망이 있는 나머지 30~40퍼센트의 남성을 여혐 진영으로 끌어들였다는 설명은 그럴싸하지 않다. 인구 불균형 외의 다른 요인으로 설명해야 하는 부분이다.

물론 한국 사회에서 성비 불균형이 존재해왔고, 이로 인해 결혼·연애 시장에서 탈락한 남성 측의 불만이 존재할 것이다. 이를 뒷받침하기라도 하듯 경제학·경영학에서 세운 결혼 시장 모형에 따르면 남성이 결혼을 제안하고 여성이 이것을 수락하거나 거절하는 패턴을 따른다. 이 모형이 지극히 단순함에도 살아남은 것은 현실을 그럭저럭 설명하고 있기 때문이다. 생물학적으로 자연 성비가 남초(여성 100명당 남성 103~107)인 상황에서 남성이 여성을 둘러싸고 경쟁하는 문화적 관습이 자연스럽게 형성되었으며, 여성이 결혼을 통해 자신의 경력을 일정 부분 희생하는 사회경제 구조가 존재했기 때문이라고 볼 수 있다.

그러나 이러한 인구 불균형과 별개로 미시적인 성비 불균형이 존재한다. 예컨대 결혼정보업계의 전언에 따르면 고소득, 전문직, 유망 직종 집단으로 갈수록 결혼시장에서 역으로 여초 현상이 두드러진다는 것은 잘 알려진 사실이다. 이것은 인구 불균형과 별개인 '이상형의 불일치'로 설명할 수 있다. 즉 남녀 간의 선호 구조가 비대칭적이기 때문에 벌어지는 현상이다. 가령 결혼 시장에 가남(38세/전문직), 나남(33세/대기업), 다남(28세/취준생)과 A녀(35세/대기업), B녀(30세/중소기업), C녀(25세/취업 포기 후 결혼 모색)

라는 집단이 있다고 가정해보자. 이때 여성 입장에서는 소득 순서인 가>나>다 순으로 선호가 정해지지만, 남성 입장에서는 나이 순서에 따라 B=C>A 혹은 더 극단적으로는 C>B>A 순으로 선호가 정해지는 상황을 상정할 수 있다. 이로 인해 결국 결혼 시장에서 탈락되는 사람은 다남(28세/취준생)과 A녀(35세/대기업)다.

물론 커뮤니티 경험에 비춰보면, 성공적인 사회생활을 하는 커리어 우먼 'A'녀보다 취준생 '다'남이 젠더 혐오 발언에 탐닉할 가능성이 더 높다. 하지만 이 모형을 과감하게 일반화하면 인구 불균형 외에도 서로에 대한 기대 자체가 다른 데 기인하는 상대적인 남녀 잉여 인구가 있다는 것을 예상할 수 있다.

앞서 보았듯 일부 여성 커뮤니티에서 대표적인 남성혐오 떡밥 중 하나는 이른바 한남충들이 '어린 여자만 밝힌다'라는 것이다. 2015년 5월경 디시 남연갤의 경우 이것이 이른바 '강된장남 사건'의 기폭제가 되기도 했다. 따라서 천관율 기자가 여성혐오의 배경으로 설명한 "자기 파괴적인 가격 흥정 전략"이 역으로 여성편에서 나타날 수 있다. 메갈리아에 올라온 "앞으로의 메갈의 방향에 대해 생각해봤다"[158]라는 글에서 글쓴이는 메갈리아가 나아갈 방향을 "한남충 길들이기"라고 제안하며 다음과 같이 자신의 의도를 솔직하게 말하고 있다.

"우리가 앞으로 가져가야 할 프레임은 '이런이런 남자가

보지의 선택을 받을 것이다' 프레임이다. 이 새끼들은 관심 없는 척하면서도 다 귀담아 듣는다. 좆질 외엔 아무 생각도 못하는 남자의 슬픈 운명 아니겠노. 우리가 초점을 맞춰야 하는 곳은 '여성의 우월함' 고취 / '열등함을 극복한 남자들이 사랑받는 법' 설파, 이 두 가지라고 본다. 그와 동시에 워마드에서는 염산 공격으로 한남들 쥐패야 하고 메갈에서는 '이런이런 조건을 충족한 한남들은 먹어는 준다' 이런 식의 초점이 필요하다고 생각한다."

이러한 메갈리아 유저의 발언에는 나름의 근거가 있다고 볼 수 있다. 천 기자에 따르면, 남성 측의 여성혐오 발언은 여성의 자긍심을 일부러 손상시키는 전략이다. 자긍심이란 결혼·연애 시장에서 자신의 가치를 재는 일종의 가격 측정 센서다. 그런데 이 자긍심 센서가 망가지면 여성이 자신의 시장가치를 과소평가하게 될 것이라는 기대에 입각해서 결혼·연애 시장에서 탈락한 남성들이 여성혐오 발언을 일삼는다는 것이다. 이것이 소위 절망적인 가격 흥정 전략이다.

이 설명을 방금 소개한 메갈리아 내부의 남성혐오 발언에도 그대로 대입할 수 있다. 남성혐오 발언이란 인구 불균형과 별개로 기대의 비대칭성에 의해 결혼·연애 시장에서 탈락하거나 현재의 관계에 만족하지 못하는 여성 집단에서 남성을 대상으로 행하는 절망적인 가격 흥정 전략이라고 말이다.

요약하자면 인터넷 상에 나타나는 젠더 혐오는 바로 남녀 관계가 서로에게 '불공정거래'라는 인식에서 출발한다. 남녀가 서로에게 바라는 기대 자체가 어긋나 있고, 그에 따라 결혼·연애 자체가 서로에게 손해라는 인식이 확산되면서, 그것이 결국은 젠더 혐오의 배양지가 된다. 더 심층적인 차원으로 내려가면 여성이 가정 내의 재생산 노동을 전담하고 남성이 경제적인 가족 부양 의무를 떠안는 가부장적 사회계약에 남녀 어느 쪽도 더 이상 납득할수 없게 된 현실이 존재한다. 젊은 남성들은 여성이 전통적으로 도맡아온 가사노동과 육아의 가치보다 자신들이 마련해야 할 결혼 자산 비용이 (자신이 기대할 수 있는 미래 소득에 비해) 과도하다고 느끼며, 젊은 여성들은 결혼 생활 내내 희생해야 할 부분과 생애소득의 감소가 더 큰 손해라고 인식하고 있다.

군이 사회과학적 분석을 시도한다면 나름의 모형을 세워서 이 남녀 갈등 문제에 대한 시비를 가릴 수 있을 것이다. 초혼남성이 부담해야 할 초기 결혼 자산 비용과 여성이 결혼을 통해 부담하는 가사노동의 경제적 가치와 경력 단절의 위험으로 희생하게 될 미래 소득의 흐름을 화폐가치로 환산해서 비교해볼 수 있다. 그러나 그렇게 시비를 가려서 수치를 나름대로 산정한다 해도 결국은 어느 쪽도 그 결론에 완전히 납득하지 않을 것이다. 그것은 '과거에 있었던' 인구 전체의 평균적 특성에 입각한 추상론에 불과하며, 현실의 구체적인 남녀 관계의 갈등을 풀어나가는 데 별 도움이 되지 않기 때문이다.

지금까지 살펴본 통계를 둘러싼 대부분의 남녀 시비는 세상이 지금까지 어떤 모습이었는지에 천착할 뿐 세상을 어떤 모습으로 바꾸고 싶은지에 대해서는 무관심하다. 그러나 세상은 변하고 인식도 변해간다. 2015년 한국보건사회연구원의 조사 결과에 따르면 20~44세 미혼 남녀 2383명 중 미혼남 79퍼센트, 미혼녀 72.3퍼센트가 '남자는 집, 여자는 혼수'를 각각 준비해야 한다는 생각에 찬성하지 않은 것으로 나타났다. 여성혐오 자료들이 비난했던 2010년 통계의 모습과는 다르다. 이렇게 인식이 변화한 만큼 중·장년 여성이 감내했던 경력 단절과 유리천장을 젊은 세대의 여성들은 더 이상 감수하려 하지 않을 것이다.

그동안 젊은 남녀는 과거의 환영에 자신의 일상적인 혐오감과 좌절감을 투사해온 것은 아닐까. 따라서 어쩌면 문제는 단순히 경제적인 것만이 아닐 수 있다. 진짜 문제는 젊은 세대의 남녀 사이에서 자신의 문제를 공유할 수 있는 문화적 지반이 단절되어 있다는 점이다.

또래문화의 단절과
뒷담화의 공동체

지금 이 원고를 쓰고 있는 순간에도 나는 친구로부터 인터넷에서 지금 어떤 이야기가 공유되고 있고, 무엇이 화제가 되고 있는지를 좋든 싫든 전해 듣고 있다. 지금 이 순간, 페이스북에서 보았다며 한 친구가 전해준 이야기가 있다. 청소년 빈곤층의 일

부가 돈이 없어서 생리대도 살 수 없는 열악한 현실이 최근 폭로
되자, 한 지자체에서 관련 대책을 논의하기 위한 정례회의가 열렸
다. 그런데 그 자리에 참석한 한 여당 의원은 "생리대라는 표현이
청소년이 되었든 여성이 되었든 조금 듣기 거북하다"라는 발언을
했다. 그러자 SNS 상에서 격양된 여론이 형성되었다. 생리 문제에
대한 평소 인식 격차에 답답함을 느낀 젊은 여성층을 중심으로 해
당 발언에 항의하는 여론을 만들어 나간 것이다. 이처럼 SNS와 인
터넷은 '또래압력'이 작용하는 주요한 공간이자 또래집단 사이에서 형
성된 '뒷담화'의 공동체라고 할 수 있다.

      티나 로젠버그는 《또래압력은 어떻게 세상을 치유하는
가》[159]라는 책에서 이러한 '또래압력'에 주목한다. 또래압력이란
또래 간의 경쟁, 선망, 질투 등 수평적인 관계에서 형성되는 사회
적 '압력'을 의미한다. 그는 이러한 또래압력이 부모와 교사로부
터 행사되는 수직적 압력보다 청소년 및 젊은 층의 행동에 더 큰
영향을 미친다고 보고한다.

      로젠버그는 남아프리카공화국의 에이즈 퇴치 운동을 그
사례로 든다. 2000년대 남아프리카공화국은 성인의 15퍼센트가
에이즈에 감염되는 등 에이즈 문제로 심각한 몸살을 앓았다. 이
같은 에이즈 발병률은 특히 청소년에게 집중되어 있었다. 이에 막
대한 재원이 에이즈 퇴치 캠페인에 쏟아졌다. 콘돔 없는 섹스가

---

159   티나 로젠버그, 이종호 역, 《또래압력은 어떻게 세상을 치유하는가》, 알에이치코리
아, 2012.

얼마나 위험한지를 알리는 광고가 제작되고 관련 성 지식을 보급하는 운동이 벌어졌다. 그럼에도 청소년 에이즈 감염률은 요지부동이었다. 그들은 죽음과 질병의 위협에 대한 현실적 경고를 '잔소리'로 받아들이고 있었다. 이에 '러브라이프'라는 에이즈 퇴치 단체는 다른 접근법을 취하기 시작했다. 먼저 에이즈가 얼마나 고통스럽고 위험한 질병인지에 대해 경고하는 대신 긍정적인 메시지를 채용했다. 그들은 기업의 주된 광고 전략을 본받아 무언가를 금지하는 메시지보다는 '삶을 사랑하자' 등의 긍정적 메시지를 사용했다. 특히 축제와 이벤트를 벌이며 청소년을 모집했고, 이들의 입소문을 통해 또래 간에 메시지를 확산시키는 접근법을 택했다. 로젠버그는 이와 같은 접근 방식이 과거의 방식보다 더 효과적이었다고 말한다.

로젠버그가 드는 두 번째 사례는 미국의 금연 캠페인이다. 과거 미국의 여러 주 정부는 담뱃세를 재원으로 삼아 청소년 금연 캠페인에 투자했다. 하지만 실제 효과는 미미했고, 담배회사들도 그 사실을 알고 있었기 때문에 캠페인을 오히려 후원하는 등 생색을 냈다. 청소년들은 오히려 담배 피우는 것을 멋진 반항이라고 여겼다. 그런데 2000년대 후반 플로리다 주의 한 금연단체가 10대의 반항심이 담배회사로 향하도록 유도한 광고를 내보내기 시작했다. 10대 청소년이 직접 출연해서 흡연에 중독되도록 조종하는 담배회사야말로 우리의 적이라고 주장하는 광고였다. 다른 금연단체는 청소년들이 선망하는 또래 운동선수를 내세워 비슷한 금연 캠페인을 전개했다. 또래집단 사이에서 형성되는 공동체 압력을 그야말로 교묘하게 역이용한 것이었다. 이것이 실제로 효과를 보자 결국 담배회사들은 금연 캠페인에 대한 후원을 중단하겠다고 플로리다 주 정부에 압력을 넣었다.

위 사례들의 공통점은 행위의 변화를 이끌어내는 데 '또래 압력'을 십분 활용했다는 점이다. 이를테면 흡연, 콘돔 없는 성관계 등의 부정적인 또래압력을 금연과 피임을 동반한 성관계라는 긍정적 방향의 또래압력으로 바꾼 것이다.

그러나 로젠버그의 책이 흥미로운 만큼 우리나라 독자들에게 낯선 이유는 그 공간적 배경 때문이다. 그 책에는 미국과 남아프리카공화국 10대들이 모이는 공터와 아지트, 미식축구 경기장, 젊은이들이 자기 집에서 여는 사교클럽 파티 문화가 등장한다. 더욱이 이러한 공간에 젊은 남녀들이 한데 모인다. 또한 일부 서구 국가에서는 결혼식과 장례식 때 나이를 불문하고 친척과 친구들이 모인 자리에서 건배를 제안하며 연설을 하는 문화가 자연스럽게 정착되어 있다. 보통 어른들이 결혼식 축사를 전담하는 우리나라와는 대조적이다.

어쩌면 서구 문명이 모범으로 삼는 아테네의 아고라나 프랑스혁명이 내세우는 자유·평등·우애라는 이념도 이와 같이 일상에서 자연스럽게 형성되어 있는 또래 간 수평적인 문화에서 비롯된 것일 수 있다.[160] 물론 서구 문명의 평등주의적인 정치 이념은 어디까지나 남성들의 형제애에 불과하고, 거기서 여성들은 실질적으로 배제되어 있었다는 페미니즘적 비판(페이트먼)도 있다.[160] 확실히 또래집단에는 형제애, 자매애의 로망만이 존재하는 것은 아니다. 거기에는 차별과 배제가 있고 질시와 열패감도 있다. 하지만 바로 그렇기 때문에 또래집단이 공유하는 문화가 중요한 것일지 모른다.

미국의 드라마나 영화를 보면 프롬prom 파티라는 고등학교 졸업 문화가 흔하게 나온다. 프롬 파티에서 젊은 10대 남녀는 서로의 짝을 찾아 춤을 춘다. 많은 하이틴 영화가 남녀가 짝을 찾아가는 과정에서 일어나는 좌충우돌 사건을 소재로 삼는다. 이처럼 프롬 파티가 하나의 장르를 형성할 만큼 미국 대중문화에서 자주 다루어지는 것은 그것이 많은 미국인이 일반적으로 거쳐 가는 '성인식'이기 때문이다. 특히 성인의 관문에서 의도적으로 남녀가 짝을 이루게 한다는 발상은 나 같은 한국인에게는 매우 흥미롭게 느껴진다. 그들은 남녀가 공유할 수 있는 또래문화를 의식적으로 마련한 것이다.

인터넷 커뮤니티와 SNS는 사실 어떤 의미에서는 프롬 파티, 사교클럽, 미식축구 경기, 10대들이 모여서 떠들고 싸우는 공터의 '대체재'라고 할 수 있다. 문제는 이러한 온라인 상의 또래집단이 점점 대규모가 되어 갈수록 역으로 그들 간의 단절이 심화되어

---

160   이성민, 〈우리는 수평적인 사회적 관계를 (얼마나) 원할까?〉, 《르몽드 디플로마티크》, http://www.ilemonde.com/news/articleView.html?idxno=2872

161   이 같은 통찰은 이성민의 저서 《일상적인 것들의 철학》에서 빌려왔다.

간다는 점이다. 실제로 SNS와 인터넷은 또래집단 간의 뒷담화의 공간이 되어가고 있다. 사실 최근 노출되고 있는 인터넷 상의 젠더 혐오 발언도 가부장적 남성과 여성 간의 수직적인 관계에서 오는 갈등이라기보다는 또래집단 간의 갈등과 뒷담화에 더 가깝다.

여기서 잠시 뒷담화라는 주제로 우회해보자. 《사피엔스》[162] 의 저자 유발 하라리는 우리 호모 사피엔스의 언어적 인지 능력을 발달시킨 진화적인 원동력으로 '뒷담화'를 꼽는다. 인간의 표현이 풍부해지고 다채로워진 것은 뒷담화 덕분이라는 것이다. 이것은 금세 입에 달라붙는 인터넷 커뮤니티의 은어들만 보아도 자명하다. 또한 뒷담화는 무리지어 생활하는 호모 사피엔스를 사회적으로 결속시키는 힘이었다.

마찬가지로 SNS는 현대 사회의 호모 사피엔스들이 즐겨 찾는 뒷담화의 온상이다. 젊은이들 사이에서 비밀 단톡방이나 페이스북 그룹 그리고 트위터 비밀 계정에서 서로의 뒷담화를 즐기는 것을 흔히 볼 수 있다. 가령 일부 유명 인터넷 페미니스트들도 사실은 페이스북 비밀 그룹을 만들어 다른 페미니스트에 대한 뒷담화를 일삼고 있었던 것을 보고 필자는 실소한 바 있다. 그들 역시 페미니스트 이전에 호모 사피엔스인 것이다.

아무튼 연구에 따르면 일상의 구어적인 뒷담화가 결속시킬 수 있는 집단은 최대 150명이라고 한다. 그러나 인쇄혁명 이후

162 　유발 하라리, 조현욱 역, 《사피엔스》, 김영사, 2015, 52쪽.

이 규모는 비약적으로 늘어났고, SNS와 인터넷 커뮤니티는 UCC 와 짤방 그리고 특유의 연결성을 매개로 뒷담화의 공동체를 더욱 확장시켰다. 가령 네이트 판은 남자친구와 남편에 대한 뒷담화의 보고다. 디시 무한도전갤러리의 일부 여성 유저들은 다른 여성전용 커뮤니티의 글을 유출하며 저격하는 글을 즐겨 올린다.

　　뒷담화는 어떤 의미에서 긍정적인 기능을 할 수 있다. 공익적인 제보의 역할을 할 수 있기 때문이다. 또한 뒷담화는 또래압력의 동력이기도 하다. 문제는 뒷담화 자체가 아니라 이러한 뒷담화를 통해 형성된 대규모화된 또래집단과 그들 사이의 단절이다. 서구 정치철학자 한나 아렌트는 "대중사회에서 우리가 견디기 힘든 것은 적어도 일차적으로는 사람들의 수 때문이 아니라, 사람들 사이에 존재하는 세계가 사람들을 결집시키고 관계를 맺어주는 힘을 상실하였기 때문"[163]이라고 말한다. 이 언급을 또래집단의 단절에도 대입해볼 수 있다. 서로 같은 문제를 공유하고 논의할 수 있는 또래문화가 단절되어 있다면 아무리 형식적으로 언론의 자유가 보장되어 있고 공론장이 존재한다 해도 갈등을 해결할 수 있을 리 없다.

　　앞서 언급한 프롬 파티의 경우는 바로 이러한 또래집단의 단절을 의식적으로 회피하는 사회적 전략이라고 할 수 있다. 단순히 '연애'나 '로맨스'를 권장하는 것만이 아닌 것이다. 오히려 갈

163　　한나 아렌트, 이진우/태정우 역, 《인간의 조건》, 한길사, 2005, 106쪽.

등에 노출시키는 것이 관건이다. 하이틴 영화들은 궁극적으로는 '로맨스'를 지향하지만 실제로 다루는 대부분의 에피소드는 이러한 남남, 여여, 남녀 간의 갈등 양상들이다. 여자 아이들의 파자마 파티도 이러한 또래 간의 갈등이 노출되는 주요한 장소로 묘사된다. 앞에서는 친한 척했던 친구가 알고 보니 다른 곳에서 자신의 뒷담화를 하고 있었다든지 하는 일들 말이다. 또래집단은 이처럼 로망과 안티로망이 공존하는 공간이다. 또한 그곳은 한 아이가 성인이 되는 관문이기도 하다.

　　스위스의 철학자이자 발달심리학자인 피아제도 《아동의 도덕판단》에서 또래 간 갈등과 협력이 인간이 아동기에서 성인기로 진입하는 데 중요한 관문이라는 견해를 제시한다.[164] 예컨대 아동들은 '눈에는 눈, 이에는 이'라는 도덕률을 공유하고 있다. 놀이방과 공부방에서 '저 아이가 나를 때렸으니 나도 저 아이를 때려야겠다'라든지 '저 아이가 이만큼 먹었으니 나도 이만큼 먹어야겠다'라는 아이들의 불평을 흔히 볼 수 있다. 보육교사들이 직면하는 까다로운 임무는 이 아이들이 이러한 논리를 포기할 수 있도록 독려하는 것이다. 피아제에 따르면, 아이들 사이에서 공유되는 이러한 인과응보의 정의retributive justice가 아동기의 도덕이다.

　　프랑스의 정신분석가 라캉 역시 아동기의 심리를 '거울 단

164　　Jean Piaget, 《The Moral Judgment of the Child》, The Free Press, Glencoe, Illinois, Chapter Ⅲ. COOPERATION AND THE DEVELOPMENT OF THE IDEA OF JUSTICE

계'라고 특정지은 바 있다. 라캉에 따르면, 상징적 언어를 이해하고 수용하는 성인이 되기 이전의 아동들은 타인의 이미지에 고착되어 있다. 아직 '자신과 타인이 다르다'는 개념(이것이 성인기로 진입할 때 결정적인 부분이다)을 충분히 이해하지 못하는 아동들은 타인(어머니, 아버지, 또래아이)의 이미지를 자신의 '일부'로 이해하며 그것에 대한 애증에 사로잡힌다. 한마디로 거울 단계란 거울에 비춰진 자신과 타인의 이미지에 매혹된 채 자타自他의 구분을 행하지 못하는 단계다. 거울에 비춰진 타인이 어떤 모습이든 그것은 자신과 다르며, 타인이 어떤 모습이든 간에 자신에게는 자신만의 책임이 있다는 현실 인식을 획득하기 이전의 발달 단계가 거울 단계인 것이다. 이러한 거울 단계는 바로 일베와 메갈리아가 내세우는 미러링의 논리와 상당히 유사하다. 참고로 라캉의 문헌에서 거울 단계란 아동기의 심리로 거론되곤 하지만 때로는 성인이 퇴행하는 심리적 국면으로 언급되기도 한다.

반면 피아제에 따르면 성공적인 발달 과정 끝에 성인이 공유하는 도덕은 황금률의 도덕이다. 즉 내가 싫은 것은 남에게도 하지 않는다든가, 내가 바라는 대로 남에게도 하라는 도덕적 원칙 말이다. 한편 모든 보편 종교의 가르침도 이러한 황금률을 내포하고 있다.[165] 그러나 피아제에 따르면 인간이 처음부터 황금률을 습득하는 것은 아니다. 메시아나 선지자가 인간에게 계시해주는 것

165　이성민,《일상적인 것들의 철학》, 바다출판사, 2016.

도 아니다. 아동기 때 서로 갈등하고 경쟁하고 결국 화해하면서 아이들은 비로소 기존의 인과응보 논리를 포기하고 황금률의 도덕에 진입하게 된다. '저 아이가 때렸기 때문에 나도 때린다'라는 인과응보의 정의를 따르면 '끝이 없다'는 인식이 어느 순간 아이들 사이에도 공유되기 때문이다. 그러나 아동기의 도덕적 발달 과정이 항상 이처럼 순조로운 것만은 아니다. 성인도 때로는 아동기의 발달 상태로 퇴행하곤 한다.

이와 관련하여 여성주의 정신분석학자인 줄리엣 미첼은 (기존 정신분석의 통념에 반대하여) 성인 남녀의 이상 성행동과 폭력성의 상당 부분은 부모와의 관계에서의 갈등(오이디푸스 콤플렉스)이 아닌 바로 아동기 때 겪었던 또래집단의 '측면관계'에서 생긴 갈등이 제대로 해소되지 않은 데서 비롯된 현상이라고 주장한다.[166] 그것이 제대로 해소되지 않는 것은 아이들만의 사회적 공간이 부재하기 때문이다.

미첼은 특히 가족과 학교 등에서 마주치는 동기siblings 간의 질투심과 증오는 필연적이며, 이것이 인간의 성격 형성에 큰 영향을 미친다고 말한다. 그렇기 때문에 이를 해소할 수 있는 "자율적인 동기 관계의 영역"에 대한 사회적 관심이 필요하다고 주장한다. 앞서 티나 로젠버그가 언급한 또래압력이 작용하는 구체적인 장소들―10대들의 아지트, 프롬 파티, 파자마 파티, 미식축

---

166   줄리엣 미첼, 이성민 역, 《동기간》, 도서출판b, 2014. 309쪽.

구 경기장 등등—이 바로 그러한 공간이다. 성인으로서 정상적인 사회적 관계를 수립하는 데에는 어쩌면 부모와의 관계보다 동기 간의 관계가 더 중요하다는 것이다.

"우리가 동기의 중요성을 인식하는 데 실패하고 따라서 측면 패러다임을 산출하는 데 실패한 것이 전쟁이나 정신질환에서 동기 간의 개인적이거나 집단적인 폭력 남용을 보는 데 실패한 것을 반향한다."[167]

문제는 인터넷 공간이 긍정적인 또래압력을 창출해낼 수 있는 공간이냐는 것이다. 초점을 다시 인터넷 상의 혐오 발언에 맞춰보자. 한국 사회의 경우 입시 경쟁과 취업 경쟁에 시달리는 젊은이들에게 SNS와 인터넷은 현실에 결핍된 또래문화의 거의 유일한 대체재다. 그럼에도 그곳은 언제나 "자율적인 동기 관계의 영역"을 구축하는 데 거의 대부분 실패한다. 특히 인터넷에서는 면대면의 또래집단에서처럼 갈등을 중재하고 해소할 수 있는 수단이 거의 존재하지 않는다. 예컨대 멀쩡한 성인도 인터넷에서 논쟁에 심취할 때 자기도 모르게 다시 아동기로 퇴행한다. 어떻게 보면 인터넷 혐오 신드롬은 일정 부분 또래집단의 기능을 SNS와 인터넷 커뮤니티가 대신하는 데서 생기는 부작용일 수 있다.

예를 들어 스타벅스에서 군 장병을 대상으로 무료 커피를 증정하는 이벤트를 진행했을 때, 이에 대한 난데없는 논란이 일었

167　같은 책, 310쪽.

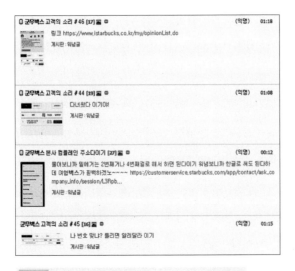

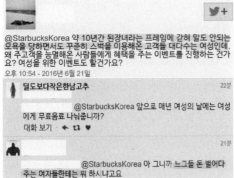

스타벅스에 대한 트위터
상의 항의 글(아래)과 워
마드 내부에서의 민원 인
증 글(위).

다. 문제를 제기한 측의 주장은 "10년간 된장녀라는 프레임에 갇
혀 모욕을 당하면서도 꾸준히 스벅을 이용해온 대다수는 여성인
데, 주 고객을 능멸해온 사람들(군인)에게 혜택을 주는 이벤트"는
잘못되었다는 논리다. 워마드에서도 스타벅스의 관련 이벤트에

"군무벅스"라는 조롱조의 이름을 붙이며 집단 민원을 넣는 화력 과시를 했다.

물론 실제로는 세간의 상식과 달리 커피 전문점에서 젊은 남성들이 오히려 젊은 여성보다 돈을 더 많이 쓰는 것으로 나타났다. 또한 군인에 대한 스타벅스의 커피 증정 행사의 대상에는 여군도 포함되어 있다. 그러나 그러한 세세한 사실관계가 아마 문제의 초점은 아닐 것이다. 오히려 초점은 스타벅스에 대한 항의가 그동안 '스타벅스를 애용하는 된장녀'로 대표되는 여성혐오 프레임에 대한 '앙갚음'으로 이해되고 있다는 점이다. 소위 '미러링'이라는 것도 바로 이러한 앙갚음의 논리다. 또한 그것은 아동들의 도덕 판단(피아제)이기도 하다. 문제는 또래문화의 단절과 장소의 부재로 인해, 유아기에서 청소년기 사이에 해소했어야 할 갈등으로 강박적으로 반복해서 퇴행하는 젊은 남녀가 인터넷에 대규모로 존재한다는 점이다.

하지만 이 문제를 더 깊이 다루는 것은 이 책의 초점에서 벗어나는 일일 것이다. 이 문제는 일단 철학자와 아동심리학자 그리고 아동·청소년에 대한 정책 전문가들에게 맡겨두도록 하자. 다만 이러한 문제의 해결에 보탬이 되기는커녕 사태를 더욱 악화시키는 외부의 담론들을 좀 더 살펴보도록 하겠다. 이 담론들은 겉으로는 '선의'와 '올바름'으로 포장되어 있기 때문에 더욱 주의를 기울여야 한다.

문제 해결 능력이 없는 사람은
죄책감을 강요한다

인터넷 상에 'PC충'이라는 말이 있다. PC충이란 정치적 올바름Political Correctness에 집착하는 사람을 비하하는 용어다. 물론 정치적 올바름에도 일정한 순기능이 있다. SNS의 소위 '정의파'들이 장애인을 빗댄 욕설인 '병신'이라는 용어를 자제해달라고 요구하는 것을 흔히 볼 수 있다. 이는 분명 장애인 인권에 대해 한 번쯤 다시 생각해보는 계기를 마련해준다. 그러나 정치적 올바름에 대한 강박의 폐단도 분명히 있다. 정치적 올바름은 최악의 경우 "어떤 이슈가 없으면, 적이 없으면, 역으로 피억압자가 없으면, 어딘가에 '불행'이 없으면 싸울 수 없는 이러한 부정적/반응적 논리"로 퇴행한다. 즉 이때의 정치적 올바름이란 "사회가 악하지 않으면, 억압되는 '소수자'가 없으면, 자신의 존재 이유를 잃고 말기에 항상 강박적으로 '악'을 찾아내야 하는 꺼림칙한 양심"[168]을 의미한다. 이것이 특히 주기적으로 연예인이나 유명인 대상의 마녀사냥이 축제처럼 벌어지는 요인이 된다. 이때의 정치적 올바름은 문제 해결에 가까워지기보다는 더 멀어지도록 만든다.

한 유명 페이스북 페이지 운영자가 예전에 개인 계정에서 학벌주의 관련 논쟁을 벌이던 와중에 자신은 '학벌주의'에 반대한

---

[168]   사카이 다카시, 오하나 역, 《통치성과 '자유'》, 그린비, 2011, 24쪽.

다면서 앞으로 '학벌'을 페이스북 대문에 기재하는 사용자들을 차단하겠다는 글을 올린 적이 있다. 정치적 올바름에 대한 호소가 인터넷 상에서 어떻게 탈출구 없는 인간관계의 파탄으로 이어지는지를 보여주는 데 이보다 더 좋은 글은 없을 것이다. 이것은 단지 이 사람만의 문제가 아니다. 오갈 데 없는 분노가 부유하고 있는 인터넷 상의 전반적인 정서가 '정치적 올바름'을 유일한 출구로 삼을 때 나타나는 현상이다. 진보 세력이 약해짐에 따라 교육비 인하 외에 교육정책에 대한 이렇다 할 대안과 전망(사립대학을 어떻게 통제하고 궁극적으로 공공화할 것인가 같은)이 이제 더 이상 나오지 않는다. 이로 인해 학벌사회에 대한 문제 제기가 서로 간의 '차단'이라는 형태로 나타난 것이다. 이를 다소 거칠게 일반화한다면, 대안과 문제 해결 능력 없는 진보가 죄악감을 자신과 타인에게 강요한다고 말할 수 있다.

또 다른 예를 들어보자. 최근 인터넷 상에서 '시선강간'이 이슈화된 적이 있다. 성추행이나 몰카 촬영 같은 범죄 외에도 젊은 여성이 지하철과 같은 일상적인 공간에서 타인의 불쾌한 시선을 느끼는 일은 흔하다. 이런 시선을 '강간'에 비유하며 문제 제기를 한 글이 SNS에서 화제가 되었다. 물론 의도를 알 수 없는 타인의 시선을 싸잡아 강간에 비유하는 것이 과하다는 반론도 있었다.

이 문제를 조금 다른 각도에서 살펴보자. 남녀가 일상에서 겪는 권리의 침해를 생명이나 신체를 훼손하는 극단적인 폭력으로까지 연결시키는 화법("시선강간" "해고는 살인이다")은 자유주의적인 인권 담론에서 비롯한다. 본래 고전적인 자유주의는 전제 군주의 자의적인 인신 구속과 약탈에서 개인의 생명과 신체의 자유 그리고 재산을 보호하기 위한 방편이었다. 거기서 개인의 '소유권'과 '참정권' 등의 권리를 양도 불가능한 권리로 간주하는 논리가 발명되었다(존 로크의《통치론》).

그런데 개인과 개인의 관계를 이러한 권리와 계약의 문제로 보기 시작하면, 정부를 선출한다든지 경제적 거래를 트는 것 이외의 일상적인 인간관계에서도 비슷한 사고방식이 확산된다. 이를테면 부모와 자식 간에도, 남녀 관계 또는 일상의 친구 사이에서도 일종의 계약관계에 기초한 각종 권리 주장이 제기될 수 있다. 부모님에게 잔소리를 듣지 않을 권리, 애인의 집착에서 자유로울 권리, 친구에게서 험담을 듣지 않을 권리, SNS에서 과거의 흑역사가 잊힐 권리 등등. 이 모든 것이 현대 사회의 정치적 올바름 담론의 모체가 된다.

'시선강간'이라는 용어에서도 보이듯이, 타자의 불쾌한 시선에 노출되는 일상 속의 상황도 이제는 개인의 권리가 심각하게 박탈당하는 폭력으로 간주된다. 하지만 이러한 관점이 문제적인 이유는, 타인의 시선이 비록 나를 불쾌하게 할지언정 그것이 나의 문제 제기 능력과 권리 행사의 가능성 일체를 박탈하는 것은 분명 아니기 때문이다. 이런 점에서 타인의 불쾌한 시선은 강간이라는 폭력적 체험과는 층위가 다르다.

이러한 정치적 올바름의 담론이 우리나라에서만 문제인

것은 아니다. 미국 컬럼비아 대학교의 한 강좌에서 가르친 오비디우스의 《변신 이야기》에 겁탈에 대한 묘사가 등장한다는 이유로 성폭력 피해 경험이 있다고 주장한 학생에게서 항의를 받은 일이 있었다. 해당 교수는 대학 당국으로부터 성 인지 감수성 훈련 강좌를 듣도록 권고받았다.[169] 일부 북유럽 국가에서는 영화 〈E.T.〉가 부모와 아이의 관계에 악영향을 준다며 상영 금지 처분을 내렸다. SNS에서도 〈B사감과 러브레터〉나 《장화홍련전》 같은 문학작품이 여성혐오 성향을 담고 있기 때문에 교육 현장에서 규제해야 한다는 소리가 종종 나온다.

이러한 관점이 문제적인 것은 그것이 비평의 능동성과 자율성 자체를 완전히 박탈해버린다는 데 있다. 앞의 오비디우스 사례에 대해 제리 코인이라는 시카고 대학교의 교수는 "폭력과 혐오로 말할 것 같으면, 그건 어디에나 있다. 그것은 삶의 일부인 것만큼이나 문학의 일부다. 《죄와 벌》? 자극적인 내용이 있으니 주의하시오. 《위대한 개츠비》? 자극적인 내용이 있으니 주의하시오……"[170]라며 대학의 결정을 꼬집고 있다.

이처럼 우리는 언제부턴가 타인이나 낯선 상황과의 원치 않는 조우 자체를 개인을 무력화하고 질식시키는 심각한 폭력으로 체험하기 시작했다. 그리고 언제든 거기에 대해 분노를 표출할 준

---

169   슬라보예 지젝, 김영선 역, 《왜 하이데거를 범죄화해서는 안 되는가》, 글항아리, 2016, 50쪽.

170   같은 책, 51쪽.

비가 되어 있다. 외국인 이민자에 대한 점증하는 혐오 정서와 SNS의 여성주의 담론도 이와 원리적으로 다르지 않다. 그런데 만일 낯선 상황과 타인과의 조우 자체가 본래 폭력적인 경험이라면 어쩔 텐가? 폭력을 요새의 방식대로 광범위하게 정의한다면 말이다. 심지어 남녀가 사랑에 빠지는 과정도 폭력적이다. 남녀가 예정에 없었던 사랑에 빠져버리면서 결혼을 통해 서로의 인생에 주제 넘는 간섭을 하기 시작하는 것이야말로 궁극적으로는 폭력이 아닌가? 여자가 남자에 대해, 남자가 여자에 대해 집착을 하는 것도 폭력 아닌가?

폭력이라는 용어의 인플레이션은 이렇듯 일상적인 관계에서 문제 해결 능력의 상실과 무능력이 점점 심화되어가는 징후다. 예컨대 인권 담론 옹호자들의 궁극적인 성적 판타지는 무엇일까? 여성 독자 사이에서 인기를 끌었던 소설 《그레이의 50가지 그림자》에서 그 전형을 발견할 수 있다. 가학적인 성관계를 꿈꾸는 남녀가 테이블에 마주 앉아 앞으로의 성행위에 어떤 도구를 쓸지, 어떤 강도로 할지, 어떤 체위로 하고, 횟수는 얼마이고, 원하는 색다른 장소가 있는지 등에 관해 기나긴 계약서를 쓰면서 그런 것을 이야기하는 것 자체에 흥분하는 상황 말이다. 그러나 결국 남녀 주인공은 정작 그런 관계에서 상처를 입고 만다. 흥미로운 것은 타인으로부터의 일상적인 침입을(예컨대 원치 않는 시선, 외국인 이민자, 문학작품에 묘사된 강간) 개인을 무력화하는 압도적인 사건으로 경험할수록, 성인 영화와 포르노에서 묘사되는 폭력은 그에 비례해서

더욱 성애화된다. 그 궁극적인 버전이 바로《그레이의 50가지 그림자》에서 볼 수 있는 예의 바람을 가장한 가학적인 성행위다.

　　나는 인권 담론 자체가 변태적인 성적 판타지와 내밀하게 연결되어 있다고 비웃으려는 것이 아니다. 다만 문제는 이렇다. 계약과 권리 담론에 기초한 자유주의적 인권 규범은 예컨대 전제 군주가 저질렀던 '경제적 약탈'이나 '인신의 구속'과 같이 개인을 완전히 무력화하는, 말 그대로 날것의 폭력으로부터의 개인을 보호하기 위한 장치로서 발명되었다. 그러나 우리가 일상에서 마주치는 타인과의 불쾌한 경험은 전제 군주 내지는 독재자의 폭압과 성격이 다르다.

　　그러한 정치적 관계 외에, 서로가 원치 않거나 예기치 못한 관계와 상황에 휘말리는 것에서 '완충 지대' 역할을 해온 것은 본래 '계약'이 아니라 '문화'였다. 예컨대 (지금은 비웃음의 대상인) 남녀 관계에서의 사교술과 에티켓, 문학 등의 예술 그리고 종교가 대표적이다. 그것은 인간과 인간 사이에서 불가피하게 일어나는 외상적인 폭력을 승화시키는 방편이자 완충재였고, 프로이트가 '문명'이라고 불렀던 것이기도 하다. 지금은 그러한 문화가 파산을 맞았고, 일상의 관계에서 그 빈약한 대체물에 불과한 인권 담론이 인터넷 상에 범람하고 있다.

　　다시 원래의 '시선강간' 문제로 돌아가 보자. 만일 타인의 무례한 시선에 노출될 때 그것에 항의할 수 있는 용기를 북돋아 주는 것이 여성주의의 역할이라면, 그 여성주의는 분명 좋은 것이

다. 그런 여성주의라면 분명 타인의 시선이 강간이냐 아니냐를 놓고 SNS에서 한심한 입씨름이나 벌이지는 않을 것이라고 생각한다. 원하는 것이 정확히 무엇인가? 불쾌한 시선에 항의하고 싶은 것인가, 아니면 그것을 강간과 동일선 상에 놓아 달라고 네티즌을 상대로 인정투쟁을 하고 싶은 것인가? SNS에서 정치적 올바름을 둘러싸고 반복되는 논쟁들이 놓치고 있는 질문이다.

간혹 대학가에서 남학생들이 자기들끼리 단톡방을 만들어 여학생의 외모를 품평하거나 성희롱 발언을 하는, 이른바 '단톡방 성폭력 사건'이라는 것이 회자된다. 이 같은 SNS를 매개로 한 뒷담화 문화는 이미 만연한 것이므로 그다지 충격적이거나 놀라운 일이 아니다. 오히려 놀라운 것은 얼마나 친구들끼리 할 말이 없으면 단톡방에서 일상에서 마주치는 여학우들을 대상으로 성적 농담이나 하느냐는 점이다. 그런 또래문화의 파산에 더해, 남자들의 또래집단이 겪는 소위 문화적 후진성은 고질적인 현상이다. 필자의 훈련병 시절을 떠올려 봐도 당장 연고도 없는 훈련병들끼리 서로 친해지는 유일한 방법은 섹드립을 치면서 낄낄대는 것이었다. 하루 종일 조교들에게 시달리고 소등한 다음 훈련병들이 회포를 푸는 유일한 방법이 자신과 잤던 여자들 이야기를 하는 것이었다. 인터넷에 올라온 섹스 경험담을 웹툰으로 만들어놓는 이른바 '썰툰'이라는 것이 하나의 문화적 코드가 되었다.

필자가 군 생활에서 겪은 곤경을 하나 소개해보겠다. 훈련소의 같은 소대 내무반에서 제일 재치 있고 분위기 메이커인 형이

있었다. 사람 자체는 좋고 재밌었기에 훈련소 동기들이 따랐다. 하루는 그가 동성애자에 대한 혐오 발언을 했다. 그때까지만 해도 'PC충'이었던 필자는 아무래도 그것은 옳지 않은 것 아니냐고 눈치 없이 반문했다가 일순간 분위기가 안 좋아졌다. 분위기를 풀기 위해서 사실 내가 게이 성향이 조금 있어서 그랬다며, 게이의 스테레오타입으로 받아들여지는 느끼한 몸짓과 언어를 흉내 내며 동기를 유혹하는 장난을 쳤다. 이런 식의 섹드립을 치고서야 싸해진 분위기가 풀어지며. 내 문제 제기도 좋게 받아들여졌다. 이것이 이 땅의 평균적인 남성 문화다.

반면 필자의 모교 새터(새내기 새로배움터)에서는 이런 일이 있었다. 한 새내기가 장기자랑 무대에서 조악한 화장과 여장을 하고서 여성스러운 말투와 행동을 개그 삼아 흉내 냈다. 그 새내기는 공연이 끝나자 선배 누나에게 '이렇게 놀면 안 된다'라고 혼이 났다. 이렇게 놀면 안 된다고 혼내주는 동시에 다르게 노는 것이 더 재미있다고 가르쳐주는 누나, 형들이 있어야 한다. 그것은 인권센터도 고매한 교수님들도 할 수 없는 역할이다. 오늘날 대학가의 문제는 과반 공동체에서 이러한 또래압력이 더 이상 작동하지 않는다는 점이다. 그 결핍을 인간관계의 문제를 '폭로'로 대체하는 각종 대학 '대나무숲'이 대체하고 있다. 메갈리아나 일베 역시 이 같은 또래문화의 결핍을 대체하는 뒷담화의 공간이라 할 수 있다.

군대 이후 남자 대학생들의 공통 화제라면 LOL이나 오버워치 같은 게임일 것이다. 좀 더 나이 든 남성이 눈을 반짝이며 할 수 있는 이야기는 주식이나 돈 버는 사업 이야기 내지는 유흥 이야기일 것이다. 30대 전후의 남성들이 애용하는 디시의 주식갤러리에 들어가 보면 알겠지만, 그곳은 일베와는 또 다른 여성혐오의 온상이다. 반면 필자가 여자사람들과 이야기를 나눌 때는 화제가 경험적으로 더 풍요롭다. 물론 여초 집단도 여러 종류가 있고, 여초 집단이 저지르는 사건사고들도 있지만 적어도 섹드립과 성 비하 이외에도 선택할 수 있는 화제와 관심사의 폭이 남자보다 상대적으로 더 넓다는 것은 부정할 수 없는 사실이다. 하지만 메갈리아/워마드 신드롬을 보고 있노라면 지금은 꼭 그렇지만은 않은 것 같다. 그들은 '평등'을 내세우며 남자 아이들이 오랫동안 행한 문화적 후진성을 '미러링'이라는 명분하에 매우 (소름 돋을 정도로) 정확한 방식으로 모방하고 있다. 어린 시절 남자 아이들이 고추 크기를 과시하며 여자 아이를 괴롭히는 것과 같은 문화적 후진성 말이다. 이른바 하향 평준화다.

　다시 단톡방 성폭력 사건으로 돌아가면, 단톡방에서 성희롱의 대상이 되었던 피해자의 구제를 넘어서서 이것을 인권의식의 개선이나 계몽주의적 캠페인으로 끌고 가려는 시도는 항상 실패한다는 사실에 유의해야 한다. 오히려 인권교육 끝에 타인(여성)의 인권은 소중하기 때문에 절대로 그와 같은 대화를 유출하지 말아야겠다는 냉소적인 결론으로 이어진다면 어찌할 것인가? 확실히 뒷담화를 유출하는 데서 남자 아이들이 여자 아이들보다 더 부주의한 경향이 있는 것은 사실이니 말이다. 이처럼 또래문화의 결핍을 인권 담론으로 채울 수는 없다. 그보다 더 시급한 것은 남자 아이들이 섹드립이나 게임 이야기 외에도 또래집단과 놀고 향유할 수 있는 문화적 교류의 공간을 마련하는 일이다.

충격요법은
효과가 없다

5장

충격요법을 애용한 돌팔이 의사들

미국의 저명한 저널리스트 나오미 클라인은 《쇼크 독트린》[171]에서 미국의 CIA가 고문 기술을 도입한 배경과 미국이 이를 중남미 독재 정권에 전달한 과정을 추적한다.

흥미롭게도 이웬 카메론이라는 정신의학자가 1950년대에 연구한 '충격요법Shock Therapy'이 고문 기술의 기반이 되었다. 그는 환자들의 심리를 치료하려면 우선 환자들을 완전한 '백지 상태'로 되돌려야 한다고 믿었다. 그래서 환자들에게 전기충격을 가

---

171   나오미 클라인, 김소희 역, 《쇼크 독트린》, 살림, 2008.

하고, 생활패턴을 바꾸고, 약물을 투여하여 무기력하게 만든 다음, 환자에게 이식시키고 싶은 메시지를 반복해서 틀었다. 이 치료법은 대실패로 끝났다. 다량의 전기충격을 받은 이후, 일부 환자들은 치료되기는커녕 완전히 유아기로 퇴행해 걷고 말하는 법조차 잊어버렸다.

하지만 임상에서 '돌팔이 의사'의 처방에 불과한 것으로 판명난 이 충격요법을 CIA는 곧 포로를 고문하고 세뇌하는 기법으로 도입했다. 기존의 치료법보다 전기자극의 양을 늘리고 눈과 귀를 막고 소리와 빛이 새어들지 않는 독방에 가두는 '감각 박탈법'을 추가하면서 말이다. 이후 CIA는 이 기법을 아예 매뉴얼로 만들어 과테말라를 비롯한 중남미 독재 정권에 전파했고, 이 기법은 반정부 인사와 좌익 인사들을 고문하는 데 활용되었다. 나아가 9.11 테러 이후 이러한 충격요법은 직접적인 구타가 아닌 더 세련된 방식의 고문으로 진화했다. 이를테면 '독방에 수용하기' '빛과 청각 자극 박탈하기' '이송 중이나 심문 중에 두건 씌우기' '벌거벗기기' '개나 거미 등에 대한 개인적인 혐오 이용하기' 등이었다. 미국 부시 정권은 이를 통해 법망을 피해 테러 용의자나 반정부 인사를 심문해왔다.

여기서도 핵심적인 이론은 인간을 극단적인 감각적·심리적 충격에 노출시키면 백지 상태로 되돌아가면서 더욱 순응적으로 된다는 것이다. 여기서 새로운 발상이 나온다. 한 인간이 그렇다면, 나라 전체도 그렇게 되지 않을까?

나오미 클라인은 충격요법이 단순히 고문 기법에 그치지 않았다고 이야기한다. 그는 미국이 1970년대 남미 좌파 정권을 무너뜨릴 때 연속적인 충격으로 나라를 '완전히 파괴한 후 재건'하는 방식으로 미국식 신자유주의 정책을 이식했다고 주장한다. 여기서 연속적인 충격이란 쿠데타로 정부를 전복하고, 공기업을 하루아침에 민영화하고, 극단적인 시장방임주의 정책(시카고학파)을 도입하며, CIA의 과학적인 고문 기술을 도입한 것 등을 가리킨다. 한 인간의 심리를 완전히 무너뜨리듯, 한 나라의 근간을 완전히 파괴한 다음 새로운 정치·경제 시스템을 이식하는 방식은 이후 소련의 붕괴 과정, 미국의 이라크 침략 과정에서도 반복되었다.

한편 충격요법은 정책적인 차원에서만 나타나는 것이 아니다. 그것은 신자유주의 정책을 수용하지 않을 경우 닥칠 경제적 파국에 대한 '전문가들'의 이데올로기적 위협과 협박이라는 형태로도 나타났다. 미국 부시 정권의 '테러와의 전쟁' 당시에도 테러의 위협에 대한 공포심이 조장되었다.

우리나라의 경우에도 급작스러운 금융 개방으로 인해 1997년 IMF 구제금융이라는 불행한 사태를 맞이했다. 구조조정과 정리해고로 대량의 실업자가 양산되고 일자리의 불안정이 만연해졌다. 이것 자체도 하나의 충격요법이지만, 당시 주류 언론에서 떠들어대던 구제금융의 조건(정리해고, 공기업 민영화, 노동시장 유연화)을 이행하지 않을 시 한국에게 닥칠 '암울한 운명'에 대한 경고도 충격요법이라고 할 수 있다. 그러나 충격요법은 비단 신자유주의 권력이 다수의 인민을 겁박하기 위해 애용하던 수법만은 아니었다.

러시아의 사회주의 혁명가 블라디미르 레닌은 러시아 중앙은행을 볼셰비키가 장악하고 통제할 수만 있다면 혁명은 반드시 성공한다고 확신했다. 경제적 충격이 혁명의 성공을 담보한다는 논리다. 이런 점에서 1917년의 레닌 역시 충격요법의 고전적인 애호가였다고 말할 수 있다. 특히 그는《무엇을 할 것인가》에서 전위당이 러시아의 모든 계층을 상대로 러시아 제정의 학정에 대한 전국적인 폭로를 조직해야 한다고 주문했다. 이처럼 혁명이라는 것 자체가 충격요법의 고전적인 모델이다.

한편 러시아의 혁명가 레온 트로츠키는 노동계급을 지속적으로 각성시키려면 영구혁명이 필요하다고 주장했다. 중국의 문화혁명 당시 홍위병들은 구습과 구 이념을 타파한다는 명목으로 나라 전체를 백지 상태로 되돌리려고 했다. 이후 1970~80년대 신 우익들이 그동안 케인스주의와 복지정책에 오염된 세계를 정화하기 위한 '신자유주의 혁명'에 나섰을 때도 바로 좌익들로부터 충격요법의 패러다임을 차용한 것이라고 볼 수도 있다. 실제로도 네오콘이라고 불린 당시 미국의 극우파들 상당수가 소싯적에는 트로츠키주의 좌파였다.

그런데 문제는 좌우파 중에서 누가 충격요법의 원조냐가 아니다. 진짜 문제는 충격요법은 성공하지 못한다는 것이다. 임상적으로도 인간에게 과도한 스트레스를 주는 것은 유아기로의 심리적 퇴행을 낳을 뿐이다. 마찬가지로 국가 혹은 대륙의 차원에서 처방된 충격요법도 초반에는 효과적일지 몰라도 이후 내전 상태, 사회적 혼란, 심리적 공황 상태로 이어졌으며, 이것을 복구하기 위해 더 많은 비용이 요구되었다.

다시 2015년 5월 말의 디시 남연갤을 복기해보면, 남연갤 유저들이 메르스갤러리를 점령하기 직전 그들 사이에서 남성에 대한 증오 발언을 자극한 것은 다른 것이 아니라 바로 '메르스' 전염병에 대한 공포심과 충격이었다. 최초의 감염자가 카타르에서 귀국한 남성이었다는 보도와 2차 감염자 남성이 입원 권고를 거부하고 해외출장을 갔다는 보도가 결정적인 계기였다. 이 '김치남'들로 인해 자신들도 메르스에 감염될 것이라는 공포심이 바로 혐오 발언으로의 집단적인 퇴행을 낳은 것이다.

쿠데타와 집단학살 그리고 고문을 통해 집권한 이 땅의 보수 세력은 민주화 시대 이후에도 신자유주의적 경제정책을 이식할 때 정리해고나 구조조정에 동반된 공포심의 확산이라는 '충격요법'을 애용했다. 하지만 진보 진영 역시 이에 대항한 '충격요법'을 애용했다. 과거의 쿠데타 세력이 총칼과 군홧발이라는 충격요법을 사용했다면, 진보 진영은 대개 충격적인 이미지와 사실의 유포, 그로 인한 공포심의 자극이라는 방식에 호소했다. 레닌 역시《무엇을 할 것인가》에서 혁명 조직 본연의 역할로 사회문제에 대한 폭로를 중요시했다.

"우리는 이론가로서, 선전가로서, 선동가로서, 또한 조직가로서 주민의 모든 계급 속으로 파고들어 가야 한다. (……) 우리 시대에는 전국적인 폭로를 조직하는 당만이 혁명 세력의 전위가 될 수 있다."[172]

　　　학생 운동권이 후배들을 의식화하는 주요 수단으로서 국제 노동절인 5월 1일 '메이데이' 전날에 행하는 일명 '떳다비'라는 것이 있었다. 내부 문건에 따르면 "떳다비의 본래 의미는 학생들이 할 수 있는 실천투쟁을 함으로써 계급투쟁을 선도하는 것"이라고 설명하고 있다. 하지만 과거 시위에 함께 참여했던 한 학생은 냉소적인 말투로 필자에게 떳다비를 "새내기들 뽕 맞히는 수단"이라고 설명했다. 일부러 차도를 불법 점거하고 경찰과 몸싸움을 벌이며 최악의 경우 연행당하는 긴장된 모습을 보여줌으로써, 새내기들에게 '국가와 자본의 폭력'과 '계급투쟁'의 실상을 직면하게 하려는 행위였다는 것이다. 이것은 분노를 고취시키는 효과가 있었지만 어떤 이들은 무서워하거나 진저리를 내며 떠나는 계기가 되기도 했다. 학생운동 진영의 일부는 일부러 자신의 주장을 알리기 위해 공공시설을 점거하거나 예정된 시위행진 코스를 이탈하여 '연행 테크'를 타는 전술을 취하기도 했다. 사회문제에 대해 발언하는 순수한 학생들이 경찰에게 끌려가는 '그림'을 보여주기 위해서 벌금쯤은 각오한 '연행 결의자'들이 벌이는 거사였다. 이 역시 소수 학생운동권이 지금도 애용하는 자해적인 충격요법

172　　블라드미르 일리치 레닌, 홍승기 역,《레닌 저작선》, 백산, 1988, 196~202쪽.

이다.

메갈리아/워마드 일부 유저들도 자신들의 혐오 발언을 동반한 여론 조작을 일종의 충격요법 전략으로 이해한다. 메갈리아 초창기부터 한 회원은 "여초 커뮤에 남혐 심기 어렵지 않음"이라는 제목의 글에서 "이별살인류인 염산, 여친 살해 후 맨홀 유기" 같은 사건들을 지속적으로 노출시키면 여초 커뮤니티들에 남성혐오를 심을 수 있다고 권하며, 이를 "공포세뇌"와 "충격요법"이라고 분명히 명시하였다.[173] 워마드 익명게시판의 한 유저는 "어차피 웜련들 바라는 거 워마드보다 더 쎈 곳 나오길 바라지 않노"라며 "더 강해질수록 유입 속도는 느려도 언론에 노출은 많이 될 것이다. (⋯⋯) 보지오패스답게 강하게 나가면 어차피 (남성혐오) 콘텐츠는 자동으로 생산되고 퍼져나간다 이기. 메갈도 당시에는 엄청 파격적이었지만 현재는" 그렇지 않다고 말하며 '더 쎈' 남성혐오 콘텐츠가 필요하다고 역설하고 있다.

물론 공포세뇌를 동반한 충격요법은 국가의 근간이 반공주의와 쿠데타였던 보수 일변도의 한국 사회에서 살아남기 위한 진보·좌파 진영 전체의 불가피한 생존전략이기도 했다. 군사정권의 탄압을 감수해야 했던 민주화 운동의 초기에는 이슈화의 절박함 때문에 이러한 전략(광주민주화항쟁 희생자들의 사진을 게시한다든지, 분신을 한다든지 등등)이 불가피한 측면도 있었지만, 그 정당성은

---

173   http://megalian.com/free/173351 추천 368, 비추천 1.

민주화 이후 점차 퇴색해갔다.

　　나는 아직도 미군 장갑차 사고로 희생당한 여중생들의 추모 시위에서 보았던 충격적인 장면을 기억한다. 2002년 당시 필자는 중학생이었는데, 유혈이 낭자한 사고 현장의 원본 사진을 젊은 대학생들이 길거리에 뿌리는 것을 보고서 충격을 받았다. 당시 시위대 사이에서는 미군 장갑차가 의도적으로 여중생들을 깔아뭉갰다는 주장이 사실처럼 확산되었고, 충격을 받은 나 역시 그 주장을 그대로 믿었다.

　　2006년과 2012년까지 이어진 한미 FTA(자유무역협정) 반대 시위에서도 FTA를 체결할 시 멕시코와 볼리비아처럼 다수의 농민과 중산층이 일자리를 잃고 빈곤에 빠지며 전기·수도와 같은 공공자원에도 자유롭게 접근하지 못하게 될 것이라는 주장이 퍼졌다. 당시 대학생이었던 필자는 한미 FTA에 반대하는 입장이었음에도 고개를 갸우뚱할 수밖에 없는 주장이었다. 2008년 미국산 쇠고기 수입 협상에 대한 문제 제기에서 출발한 광우병 촛불시위에서는 이내 광우병으로 인해 대량의 희생자가 나올 것이라는, 사실과 다른 괴담이 유포되었다. 쇠고기 수입 협상 개선에 대해서는 많은 사람들이 공감했지만 애초의 목표와 별개로 시위가 '자기 목적화'되고 정권 퇴진 운동으로 장기화되면서 여론의 지지를 잃고 말았다.

　　물론 이들 시위의 국면에서 유포된 공포스러운 이미지와 주장들은 모두 공익을 이유로 유포되었다. 충격을 통해 심리적으로 무기력해진 사람들의 머릿속에 단기간에 어떤 메시지를 심는 것은 있을 수 있다. 그러나 문제는 부작용이다. 예컨대 FTA와 미국산 쇠고기 수입 협상에서 주권국으로서의 정당한 권리 행사를 요구하는 것은 문제가 되지 않는다. 문제는 그 이후다. 이슈화를 목적으로 공포심을 조장하기 위해 사실과 다른 괴담이 유포되거나 쟁점에 대한 왜곡이 이루어진 이후에는, 이슈화의 성공 여부와 별개로 공론의 참여자들 사이에서 (마치 충격요법에 노출된 희생자들처럼) 대규모의 심리적 퇴행이 일어난다. 미군 장갑차 사건 당시 대중집회에 참여한 한 인기가수의 반미 발언을 보자.

"개×발 양× 놈들의 딸래미 애미 며느리 애비 코쟁이 모두 죽여 아주 천천히 죽여 고통스럽게 죽여."

아마 미러링이라는 용어가 조금 더 일찍 사용되었다면, 분명 이런 발언들에 대해서도 '미러링'이라는 정당화가 이루어졌을 것이다. 아무리 평소에는 멀쩡한 사람이라도 공포와 분노가 결합된 분위기에 휩쓸리면 이 같은 도덕적 퇴행이 이루어지는 것이다.

무엇보다 충격요법의 가장 큰 부작용은 반동 집단의 출현이다. 애덤 스미스는 《도덕감정론》에서 피해자의 분노에 대한 공감이 일상적인 도덕과 법의 기초를 이루고 있다고 지적하면서도, 동시에 "분개의 과도함은 가장 혐오스러운 감정으로 보이고, 모든 사람들이 느끼는 공포와 분노의 대상이 된다"[174]라고 말한다. 공감

---

174   애덤 스미스, 박세일 역,《도덕감정론》, 비봉출판사, 2014, 142쪽.

할 수 없는 형태의 분노는 관찰자의 입장에서 또 다른 피해의식을 자극하고 분노를 낳는다는 것이다.

실제로 광우병 쇠고기 집회 때 확산된 공포와 분노는 역으로 일간베스트라는 극우 사이트 출현의 빌미가 되기도 했다. 광우병 촛불시위 당시 촛불시위 옹호론자들로 점령당했던 디시인사이드의 정치사회갤러리에서는 이후 촛불시위가 퇴조하면서 촛불시위대의 발언(이명박 OUT)을 가령 '촛불좀비 OUT'이라는 식으로 '미러링'하면서 비아냥거리는 네티즌들로 넘쳐나기 시작했다. 주지하다시피, 촛불시위대 일부의 극단적인 발언을 흉내 내며 미러링하는 이들의 말투는 곧 전라도 지역, 진보시민 전반을 대상으로 확산되었다. 이것이 이후 일베가 등장하게 된 배경이다. 그들도 지금의 메갈리아/워마드처럼, 과거 일부 촛불시위대가 그렇게 했다는 이유로 자신들의 혐오 발언을 정당화하며 타인에 대한 신상털기와 저격을 일삼았다.

한미 FTA 반대 진영에서 경고했던 시나리오(공공 부문의 민영화와 주권의 상실)는 결과적으로 일어나지 않았다. 하지만 그 시나리오를 유포했던 이들은 자신들의 예측이 왜 어긋났는지에 대한 정정을 거의 하지 않는다. 물론 그러한 공포에 대한 호소가 결과적으로 최악의 시나리오가 현실화되는 것을 막았다는 주장도 있을 것이다. 그러나 아무리 공익을 목적으로 한 것이더라도, 경각심을 주기 위한 것이라도, 공포심에 호소하는 전략(충격요법)의 남용은 이념을 떠나 대중집단 전반의 도덕적·심리적 퇴행 현상을 일으켰으며, 궁극적으로는 공익에 호소할 수 있는 기반(공론장) 자체를 훼손시키고 말았다. 특히 87년 민주화 이후 공론장에 대한 신뢰의 상실 문제는 매우 심각해졌으며, 그것이 바로 일베와 메갈리아/워마드 같은 공론장의 규범을 냉소하는 집단의 출현을 가져왔다.

왜 언론은 강남역 살인사건 때
통계를 소홀히 보았을까

공론장을 유지하는 기본적인 원동력은 바로 공론장의 참여자와 공론장 자체에 대한 신뢰다. 공론장에 사실이 아닌 정보가 사실인 양 장기적으로 유포되고, 토론을 통해 이에 대한 정정의 책임을 유포 당사자가 지지 않는다면, 공론장의 기반인 진실성과 진리성 자체가 훼손되고 만다. 진보 진영이 자신의 오랜 생존전략대로 대중을 상대로 공포심을 유포시키기 위해서는 현실 어딘가에서 일어난 끔찍한 사건(공기업 민영화로 인한 볼리비아의 물 부족 사태에서 광우병 발병자의 죽음까지)이 바로 지금 내가 일상에서 겪는 무언가의 '전형'이라는 인식이 전제되어야 한다. 문제는 이러한 조건이 맞아떨어지도록 하기 위해서 통계 왜곡이나 사실 왜곡을 '의식적'으로든 '무의식적'으로든 서슴지 않는 태도다. 이와 관련해 여기서는 한 가지 통계적 쟁점만을 짚어보도록 하겠다.

2016년 5월 강남역 부근 화장실에서 일어난 묻지 마 살인 사건은 많은 사람들에게 큰 충격을 주었다. 유동 인구가 많은 거리의 한복판에서 젊은 여성이 무참히 살해당했기 때문이다. 경찰 수사 결과 범인은 오래전부터 정신분열(조현병) 증세를 앓고 있었고, 꽤 오래전에 약을 끊은 상태였다. 평소 여성에 대한 심각한 피해망상을 갖고 있었던 이 남성의 병증이 계획적인 범행으로 이어진 것이다. 이 같은 수사 결과가 발표되자 일부 여성운동 단체에서는 이에 반발하며 검찰청 앞에서 수사기관은 '여성혐오 범죄'를 은폐하지 말라는 시위를 벌였다. 이 사건은 정신질환에 의한 범행이 아니라 여성혐오 범죄라는 논리였다. 여성계에서도 범행 동기와 별개로 사회 전반의 여성혐오 정서와 범죄의 사각지대가 이 비극에 일조했다는 주장을 폈다.

　　문제는 범행의 동기에 대한 검경의 수사 결과와 범죄가 발생한 사회적 맥락에 대한 주장이 논리적으로 상충되는 것이 아님에도, 그것이 마치 상충되는 주장인 것처럼 받아들여졌다는 점이다. 아마도 검찰청 앞에서 시위를 벌인 여성운동 단체 회원들은 수사 결과로 인해 자신들의 주장이 부정당했다는 격분을 느낀 것이리라.

　　한편 강남역 사건이 알려지자 곧바로 워마드 등지의 여성 커뮤니티에서 '여자라서 죽었다' 혹은 '우연히 살아남았다' '살女주세요'라는 구호를 확산시키며 강남역 살인사건을 통해 남성은 '잠재적 가해자'라는 주장을 전개했다.

　　여기에 호응해서 다수의 언론에서는 강남역 살인사건을

기해 한국여성정책연구원의 자료나 경찰청 통계를 인용하며 강력범죄의 피해자 80퍼센트 이상이 여성이라는 기사를 내보냈다. 이것의 허실을 한번 따져보자.

여기서 언론에 보도된 강력범죄라 함은 폭행·상해 등 일상에서 가장 빈번하게 일어나는 강력범죄를 제외한 이른바 '흉악범죄'만을 포함한 것이다. 흉악범죄란 곧 '①강도, ②살인, ③방화, ④강간 등의 성범죄'를 의미한다. 한편 2011년에서 2013년 사이 이들 흉악범죄 중에서 '강간' '유사강간' '강제추행' '기타 강간·강제추행' 등의 성범죄가 차지하는 비율은 전체 흉악범죄 중 80퍼센트에 육박한다.[175] 그리고 '강간' '유사강간' '강제추행' '기타 강간·강제추행' 등의 성범죄에서 여성 피해자의 비율은 95퍼센트를 넘는다. 반면 성범죄를 제외한 나머지 강도, 살인, 방화에서 남성 피해자의 비율은 남녀 기준 대략 1.3:1이다. 만일 폭행·상해 등 일상에서 빈발하는 강력범죄를 포함시킨다면 남성 피해자 비율은 이보다 훨씬 더 높아질 것이다. 여성주의자들이 원하는 그림이 나오지 않는 것이다.

이러한 통계자료를 보고 만일 정직한 사람이라면, '강력범죄의 여성 피해자 비율이 80퍼센트'라는 주장 대신 '성범죄 피해

---

[175] 통계청 국가통계포털(KOSIS)〉보건·사회·복지〉사회〉범죄〉경찰청범죄통계〉2011년 이후. 필자가 2011년부터 따져본 것은 어디까지나 2011년부터 통계 기준의 변경이 있었기 때문이다. 2011년 이후의 경찰청범죄통계에 따르면 '강간' '유사강간' '강제추행' '기타 강간·강제추행' 등이 강력범죄에 포함되어 있다. 반면 2010년 이전에는 오직 '강간'만이 포함되어 있었다.

자의 90퍼센트 이상이 여성'이며, (통계 기준이 변경된 2011년 이후) '성범죄가 전체 흉악범죄의 3분의 2를 넘는다'라고 이야기했을 것이다. 흉악범죄의 피해자 성비를 강남역 살인사건과 연관시키는 순간 범주의 오류에 빠진다. 왜냐하면 성범죄의 피해자 성비가 다른 강력범죄의 피해자 성비를 대표하지는 않기 때문이다. 이러한 사실을 파악하는 데 그리 많은 시간과 노력이 필요한 것도 아니다.

결과적으로 강남역 사건을 기해 통계를 인용한 수많은 기자 중에서 관련된 사실을 제대로 언급하는 이는 드물었다.[176] 왜냐하면 그렇게 기사를 쓰는 순간 언급하는 통계가 강남역 살인사건의 전형에서 벗어나는 데다, 살인사건이라는 범주에 한해서 젠더 불평등 이슈를 살펴보려고 한다 해도 법체계도 다르고 통계 작성 기준도 다른 나라들과 국가 간 비교를 한다든가 그동안의 장기 추세를 살펴보는 등등의[177] 수고로운 일에 휘말리기 때문이다.[178]

선량한 기자들이 이 쟁점에서 정직함을 상실한 결정적인 이유는 그들이 평소에 사기꾼이여서라기보다는 강남역 살인사건을 무언가의 '전형'으로 만들고 싶은 조급함이 지나치게 앞서서

---

176 진보 언론 중에서 그나마 통계의 허실에 대해 제대로 따진 기사는 《경향신문》 정용인 기자의 〈'극과 극' 한국 여성 지위 글로벌 통계, 어떻게 봐야 할까〉가 있다. http://news.khan.co.kr/kh_news/khan_art_view.html?artid=201606041555021&code=940100

177 참고로 경찰청범죄통계가 제공하는 자료는 1994년부터다.

178 1994년부터 2013년까지 범죄통계의 장기 추세에서 발견되는 젠더 불평등 이슈에 대해서는 필자가 개인 블로그에 별도로 정리해놓았다. 이 책의 주제를 넘어서는 부분이므로 별도의 링크로 갈음한다. http://blog.naver.com/paxwonik/220718560294

라고 봐야 한다. 그러나 결론적으로 이 때문에 사실관계의 파악이나 문제 해결에서 더욱 멀어졌다. 특히 강남역 살인사건은 범죄의 사각지대에 노출된 여성들의 문제이기도 하지만, 동시에 정신질환에 대한 사회적 관리망의 부재를 드러낸 사건이기도 했다. 사건을 둘러싼 복합적인 맥락을 짚기보다는 이를 남성 대 여성의 가해자/피해자 구도로 몰며 집단적 반성을 요구해대는 것은 문제의 본질에서 한참 벗어난 태도다.

공감 능력을 도구화하는 세상

이처럼 '충격요법'의 일환으로 대중에게 충격과 공포를 확산시키기 위해서는 어떻게든 현실의 사건사고를 무언가의 '전형'으로 만들어야 한다. 특히 '범죄'라는 현상에 대해서는 이 같은 집단사고가 더욱 만연해 있다. 그리고 그 과정에서 이념과 진영을 떠나 사실과 개념에 대한 교묘한 왜곡이 의식적으로든 무의식적으로든 이루어진다. 앞서 살펴보았듯이 아이유 사건에서도 해당 연예인을 어떻게든 소아성범죄와 연관시키고 싶어한 네티즌은 대중문화에서 차용된 '로리타' 코드와 '아동성범죄', 더 나아가 '소아성애'가 별개의 문제라는 사실 따위는 안중에 두지 않는다. 마찬가지로 강남역 살인사건을 언급하며 '강력범죄 피해자의 80퍼센트는 여성'이라는 통계를 인용한 기자의 상당수는 강력범죄 피해자의 여성 성비를 높인 것은 강도, 살인, 방화가 아닌 성범죄라는 사실에 관심을 두지 않는다.

나는 수전 손택의 '은유로서의 질병'이라는 개념을 빌려 이를 '범죄의 알레고리화'라고 부르고 싶다.[179] 이를테면 강남역 사건은 사실관계를 떠나서 여성범죄 일반의 '알레고리'가 되었다. 수전 손택은 이와 유사하게 사회 담론에서 에이즈, 결핵, 암, 매독 등의 질병이 하나의 '은유'로 다뤄지는 현상에 주목한다. 가령 에이즈는 현대 사회의 성적 문란과 파탄의 징조로 받아들여지고, 결핵은 (문학에서 자주 그렇듯이) 불운한 천재의 육체적 불행으로 묘사된다.

이와 비슷한 노선을 따르는 《우울증에 반대한다》의 저자 피터 D. 크레이머[180]는 우울증이라는 질병에 대해 '좌파적 해석'이 있고 '우파적 해석'이 있다는 현상을 꼬집는다. 예컨대 우파들은 우울증을 '까짓것, 운동 몇 번 하면 낫는 병'으로 치부하며 나약함의 징후로 받아들인다면, 좌파들은 우울증을 현대 자본주의의 소외 현상의 징후일 뿐 아니라 사회의 병폐를 정직하게 응시하는 지식인의 정신적 태도로 낭만화한다. 그런데 이러한 두 태도는 우울증의 치료에 전혀 도움이 되지 않는다. 결국 저자가 말하는 '우울증에 반대한다'라는 구호는 수전 손택의 말을 빌리자면 우울증에 대한 은유화에 반대한다는 의미이기도 하다.

마찬가지로 범죄에 대한 과도한 알레고리화는 실제 범죄

179   수전 손택, 이재원 역, 《은유로서의 질병》, 이후, 2002.
180   피터 D. 크레이머, 고정아 역, 《우울증에 반대한다》, 플래닛, 2006.

문제를 해결하는 데 거의 도움이 되지 않는다. 범죄의 직접적인 동기(인과관계)와 그것을 둘러싼 사회적 맥락은 상호 중첩되지만 별개의 층위로 접근해야 한다. 가령 강남역 살인사건이 '피해망상에 의한 범행'이라는 수사기관 및 프로파일러의 설명과 '평소 인터넷 상에 만연하던 여성혐오 발언이 이 같은 범행에 영향을 주었다' 혹은 '정신질환에 대한 사회적 관리의 부실이 이 같은 비극을 낳았다'라는 설명은 모두 양립 가능하다. 그러나 범죄의 알레고리화가 진행된 이상 하나의 프레임(여성혐오 범죄다)을 내세우기 위해 다른 모든 인과관계에 대한 설명과 사회적 맥락에 대한 설명을 어떻게든 부정해야 하는 불가피한 자기모순에 빠져드는 것이다.

한편 범죄의 알레고리화 과정에서 생겨나는 더 심각한 문제는 단순히 개념과 사실의 왜곡 자체에 있지 않다. 사건사고를 무언가의 전형으로 만들어가는 과정에서 인간의 공감 능력이 도구화되고 변질되는 것이 문제. 가령 강남역 살인사건의 경우에도 '남자는 잠재적 가해자다'라는 슬로건은 공감이라는 인간의 본성을 성정치적으로 도구화하고자 하는 태도를 노골적으로 드러낸다. 공감의 영역이 한번 정치적으로 도구화된 이후에는 특정 집단의 견해에 따르지 않으면 공감 능력이 결여되어 있다는 낙인이 찍히고 만다. 실제로 해당 사건에 대해 다른 견해를 표출한 사람이 있으면 SNS 상에서 "공감 능력이 빻았다"라는 비난이 쏟아지는 것은 예삿일이다.

이러한 공감 능력의 도구화는 지식인들 간의 논쟁에서도

찾아볼 수 있다. 박유하 교수의 위안부에 관한 논쟁적인 저작《제국의 위안부》를 둘러싼 김규항-이나영의 논쟁에서, 여성학자 이나영은 학문의 자유 등의 이유를 들어《제국의 위안부》를 옹호한 김규항을 "위선적인 남성 진보 지식인"이라고 규정하며, 일본대사관 앞에서 열린 '수요집회'에서 위안부 할머니들과 함께한 순간을 술회하고 있다.

"차가운 겨울날 평화로에 앉아 1시간만 수요시위에 참가해 보시라. 그게 어렵다면 조용한 낮, 소녀상 옆자리 빈 의자에 가만히 앉아 보시라. 두 손 불끈 쥐고 발꿈치를 땅에 닫지 못한 소녀의 뒤에, 가슴에 희망 나비 한 마리 품고 스러져가는 할머니 그림자를 응시해 보시라. 식민지 위안소의 생존자가 할머니가 되어서야, 아니 죽어서야 비로소 최소한의 공감 능력을 가진 청중을 만난 심정을 느껴 보시라. 만일 울림이 있어, 단단한 가슴을 싸고 있는 껍질이 소리 내어 깨지는 순간이 오면, 터져 나오는 울음에 오장육부를 마음껏 적셔 보시라. 책상에 앉아 손가락으로 익힌 '우리'의 재주가 얼마나 얄팍한 것이며 기만적인 것인지 스스로 깨닫게 될 것이다."[181]

이처럼 논쟁 와중에 불거진 타인에 대한 절대적인 공감의 요구와 자기연민의 경계는 희미하다. 비슷하게 착잡한 다른 예를 들어보자. 과거 세월호 유가족이 참여한 세월호 특별법 제정안 요

---

181   《경향신문》,〈박유하 '제국의 위안부'를 둘러싼… 김규항 · 이나영 '위안부' 지면 논쟁〉.

구에 대해 동의하지 않는 것은 기본적으로 대안에 대한 정치적 견해의 차이다. 하지만 특정 필터를 거치면 그것은 아예 유가족과 희생자들에 대한 기본적인 '공감 능력의 결여'로 매도된다. 실제로 2014년 당시 여대야소 국회에서 세월호 특별법이 누더기 법안이 되어가자 일부 시민은 세월호 유가족의 요구안에 대해 이견을 보이거나 쟁점에 대한 피로감을 보이는 이들을 공감 능력의 마비자들로 몰아붙이며 불만을 터뜨렸다. 이것은 단 한 명이라도 지지자를 늘려야 할 진보운동 진영 스스로에게 자기 파멸적인 결과를 낳았다.

　　문제는 이러한 패턴이 2002년 촛불시위 이후 지속적으로 반복되어왔다는 것이다. 2008년 광우병 촛불시위 때에도 시위대가 내세운 사실관계가 틀렸다고 지적하거나, 쇠고기 수입 협상에 이견이 있는 사람들은 온 국민이 일상적 먹거리에 대해 느끼는 '불안감'을 외면한다는 비난부터 들어야 했다. 그 말을 들은 사람들 중 일부는 오히려 완전히 마음을 닫고 이글루스와 디시 정사갤의 극우 여론으로 돌아섰다.

　　이러한 공감 능력의 독점 혹은 도구화 전략의 가장 큰 문제는 얼마 안 가 자가당착에 빠지게 된다는 점이다. 특히 세월호 희생자 유가족들에 대한 공감 능력의 독점적 과시 전략은 실제로 있었던 학생/일반인 유가족 간의 갈등이라는 현상 앞에서는 무기력해진다. 앞서 본 이나영 교수의 위안부 피해자에 대한 '절대적' 공감 능력 역시 정대협이라는 위안부 지원 단체와 의견을 달리하거나 1990년대 무라야마 담화로 대표된 일본 정부의 사과와 '아시아 기금'의 보상을 수용한 60여 명의 '일부' 위안부 피해자 할머니들 앞에서는 무기력해진다.[182] 실제로 이들은 한국 사회의 집단적 기억과 연민의 장에서 빠르게 잊혀져갔다. 공감의 영역과 문제 해결의 영역은 완전히 분리되어 있는 것이 아니면서도 동시에 별개라는 사실을 인지하지 못하면 현실의 문제 앞에서 모순에 빠져버리고 만다.

또 다른 예를 들어보자. 1992년 미군 주변의 기지촌에서 미군이 여종업원을 성폭행하고 잔혹하게 살해한 '윤금이 사건' 때에도, 민족주의 운동 진영은 이를 미제국주의 폭력의 '전형'으로 간주하면서 해당 사건의 피해자는 원하든 원치 않든 미제국주의에 유린당하는 '우리 민족의 누이'로 격상되었다. 범죄의 알레고리화다. 하지만 얼마 안 있어 이 같은 프레임은 운동진영 내의 성폭력에 대한 여성주의자들의 문제 제기 앞에서 자가당착에 봉착했다.

강남역 살인사건에서 일부 여성주의자들도 범죄의 알레고리화로 인한 자가당착에 봉착했다. 추모 시위가 남녀 대결의 장이 되어 욕설과 폭력 사태로 비화되자 피해자 유가족 중 일부가 해당 사건을 남녀 대결 구도로 몰고 가지 말 것을 요청했다.[183] 이에 해당 유가족에 대해 욕설을 동반한 비난이 SNS에 쏟아졌다. 공감이라는 자연스러운 인간의 본성을 '절대화'할수록 그 잣대에 들어맞

---

182   박유하,《제국의 위안부》(제2판), 뿌리와이파리, 2016, 333쪽.
183   《동아일보》,〈강남 묻지마 살인 희생자 오빠의 분노〉.

지 않는 사람이라면 심지어 유가족이라고 해도 원색적인 비난의 대상이 되는 것이다. 2002년 미군 장갑차 사고 관련 시위 때에도 유가족은 감정적인 대응의 자제를 요청했지만 무시당했다. 공감 능력이 도구적으로 사고될 때 정작 문제와 가장 가까운 당사자들이 배제되어버리는 비극의 반복이다.

이러한 '공감의 정치적 도구화'에서 비롯된 또 다른 문제는 이것이 다른 사건사고들에 대해서도 똑같은 방식의 '공감의 도구화' 현상을 연쇄적으로 낳는다는 점이다. 강남역 살인사건을 기해 여성 혐오 논란이 일어난 이후 포털사이트의 뉴스 댓글창에는 어린이집 폭행사건과 같이 여성이 가해자가 된 일부 범죄사건에 대해 "남.자.라.서.당.했.다"라든가 "운이 좋아 살아남았다"라든가 "살女 주세요"라는 조롱 댓글이 잇달았다. 피해자에 대한 공감이 인터넷판 성정치의 날 선 흉기가 되어버린 것이다. 물론 이러한 조롱 조의 태도는 상호간의 부정적인 피드백의 악순환을 통해 자기 강화의 길로 진입한다. 이를 통해 다수의 성인 남녀가 아동기의 도덕으로 퇴행해버리는 것이다.

지하철 스크린도어 정비작업 중 사망한 하청업체의 20대 남성이 널리 알려지게 된 이른바 '구의역 사건'에 대해 워마드에서 이어진 조롱 발언을 보자.

"숫베 새끼들 감성자지 윰내리진다 이기야ㅋㅋ"" 구의역 자지 재기했는데 울고 자빠졌노 탈김치 됐는데 축하해줘야지ㅋㅋㅋ."

슬퍼하는 시민들과 유가족 그리고 고인을 조롱하는 글이

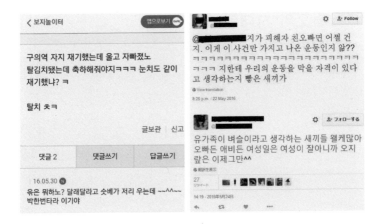

구의역 피해자의 유가족에 대한 조롱(왼쪽)과 구의역 사건의 유가족에 대한 비난(오른쪽).

다. 이는 2014년 단식 투쟁을 벌이던 세월호 유가족들 앞에서 피자를 시켜먹으며 능멸했던 일베 유저들의 심성과 기본적으로 다르지 않다. 그런데 워마드는 이 일이 있기 불과 얼마 전만 해도 사회와 남성 전체에게 피해자에 대한 절대적 공감을 요구했던 강남역 추모 시위의 주최 사이트였다. 그러나 실제로 그것은 피해자에 대한 공감이 아니라, (이제 더 이상 발언할 수 없는) 피해자에게 제멋대로 투사한 자기 자신에 대한 연민일 뿐이다. 공감의 절대화가 역으로 타자에 대한 공감의 마비로 이어지는 슬픈 사례라고 할 수 있다.

혐오의 시대에서
살아남기

6장

메갈리아/워마드를 둘러싸고
인터넷에서 대논쟁이 일다

2016년 7월 말 넥슨이라는 한국 최대의 게임회사에서 운영하는 〈클로저스〉라는 게임을 둘러싸고 돌연 논란이 일어났다. 해당 게임에 등장하는 '티나'라는 캐릭터의 성우가 메갈리아4라는 페이스북 페이지에서 판매하는 티셔츠를 구입했다며 이를 트위터에 인증한 일이 계기였다. 해당 티셔츠에는 'Girls Do Not Need a Prince'라는 페미니즘적 문구가 적혀 있었다.

이미 앞에서 설명했듯이, 메갈리아4는 메갈리아/워마드와 밀접한 관련이 있는 페이지다. 이 사실을 아는 〈클로저스〉 게이머들은 넥슨 측에 혐오 사이트를 옹호한다며 성우 교체를 요구했고, 이에 게임 업데이트를 며칠 앞둔 상황에서 전격적으로 성우가 교체되었다. 〈클로저스〉는 애초에 오타쿠 성향의 남성 게이머를 겨냥한 게임으로서, 넥슨 측은 이들의 성우 교체 요구를 마냥 외면할 수 없었던 것이다. 실제로 성우가 교체되자 〈클로저스〉의 이용자 수가 급증했다.

게이머들의 이러한 성우 교체 요구는 그동안 일부 여성 네티즌들이 행한 연예인 및 유명인 대상의 보이콧과 크게 다르지 않다. 일부 여성 네티즌들도 '페미니즘은 돈이 된다'라며, 문제적 발언을 했다고 간주된 연예인과 유명인을 대상으로 불매 운동, 음원 폐기, 사후 검열 등을 요구하는 소비자 보이콧 운동을 벌여왔기 때문이다.

한편 SNS 상에서는 여자 성우가 페미니즘 티셔츠를 인증했다는 이유만으로 '부당해고'를 당했다며 그녀를 지지하고 넥슨을 보이콧하자는 움직임이 일어났다. 그러나 교체된 성우는 애초에 넥슨의 전속 성우도 아니었기에 부당해고라는 말은 어불성설이다. 또한 교체된 성우가 녹음된 분량에 대한 계약금을 전액 지불받았고 녹음 분량을 사용하지 않기로 한 것은 당사자의 합의에 의해 결정된 것이기 때문에 부당 계약 해지를 당한 것도 아니었다. 이 일이 넥슨과의 합의 하에서 이루어진 결정이라며 성우 자신이 입장을 밝혔고, 불필요한 논란의 자제를 당부했다.

그러나 이에 아랑곳하지 않고 워마드 등지에서는 '성우를 탄압한 여성혐오 기업 넥슨을 보이콧한다'라는 취지의 소규모 오프라인 시위를 강행했다. 그러나 실제 사건의 본질은 성우와 이를 보이콧한 게이머의 관계이지, 넥슨과 성우의 관계가 아니었다. 넥슨은 해당 게임을 이용하는 주 소비자층의 요구를 수용한 것에 지나지 않는다. 당연한 이야기지만 이후 〈클로저스〉가 흥행에 성공한 것과 달리 실제로 넥슨을 보이콧하자는 운동은 효과가 없었다.

혹자는 이 사건에서 게이머들이 페미니즘적 소신을 밝힌 성우에 대해 부당한 낙인을 찍은 것이라고 주장한다. 그러나 게이머들은 페미니즘적 소신에 대해 낙인을 찍은 것이 아니다.

애초에 게이머들이 문제시한 것은 'Girls Do Not Need a Prince'라는 문구가 아니었다. 메갈리아/워마드 유저와 그 옹호자들이 애초에 그런 문구를 진지하게 받아들이지 않는다는 것은 모두가 다 아는 사실이다. 게다가 이 문구는 일부 메갈리아/워마드 유저들이 여성을 배려하고 매너 있게 대하는 서양 남성에 대한 환상을 품고 이들을 '갓양남'이라고 찬양하는 관행과 묘한 괴리를 이룬다.

아무튼 게이머들이 문제시한 것은 티셔츠의 문구와 상관없이 그저 문제의 성우가 제대로 알아보지도 않은 채, 반사회적 혐오 사이트와 금전적·인적 관계로 얽혀 있는 페이스북 페이지를 후원했다는 부분이었다. 또한 문제 제기 이후에도 성우로부터 제대로 된 피드백이 없었다는 점이었다. 그리고 게이머들은 소비자와 제대로 소통하지 않는 콘텐츠 생산자의 목소리를 게임 상에

서 들어야 한다면 그냥 '게임을 하지 않겠다'라는 견해를 밝힌 것
일 뿐이다.

그럼에도 일부 진보 진영에서는 소비자의 평범한 의사 표
현을 성우 개인에 대한 낙인 찍기식 마녀사냥으로 매도했다. 그러
나 이때 누군가에게 낙인을 찍었다면, 그것은 성우 개인에 대해
찍은 것이 아니라 반사회적 혐오 사이트에 대해 찍은 것이다. 실
제로 성우 교체 이후에는 해당 성우를 비난하는 목소리를 게임 사
이트 등지에서 거의 찾아볼 수 없었다. 성우가 무슨 사상을 갖고
있는지는 애초에 게이머들의 관심사가 아니었기 때문이다. 게이
머와 네티즌들이 애초에 문제시한 것은 성우 자신의 신념이 아닌
메갈리아/워마드의 반사회적 혐오 발언이었기 때문이다.

한편 일부 웹툰 작가들이 트위터 상에서 성우에 대한 지지
의사와 넥슨에 대한 보이콧 의사를 밝히자 〈클로저스〉 성우 교체
사건에서 촉발된 메갈리아 논란의 불똥은 웹툰계로 튀었다. 많은
독자들이 메갈리아/워마드의 실상을 제대로 알고서 이야기를 하
는 것이 좋다는 의견을 주었지만 일부 웹툰 작가들은 이에 대해
"그래서 만화 안 볼 거야?" "지능이 낮다" "초파리 놈들" "똥 같은
새끼들" "니애미" 등의 비아냥과 욕설로 대응했다. 이에 분개한
독자들은 그동안 다른 콘텐츠 산업에 비해 자율 규제의 혜택을 상
대적으로 누려온 웹툰에 대한 국가 규제를 방관하겠다는 '노 실드
no shield' 운동을 벌이며 문제 발언을 한 웹툰 작가들이 다수 포진
한 웹툰 업체 '레진 코믹스' 탈퇴 운동을 벌였다.

진보 진영 일부가 메갈리아를 옹호하다

이와 같은 메갈리아/워마드를 둘러싼 논쟁에 일부 진보 진영의 인사와 언론 그리고 여성학자들이 가세하면서 사태는 점입가경에 이르렀다. 한 진보정당의 당직자는 문화예술위원회라는 이름으로 (이미 사실관계에서 틀린 것으로 판명된) '넥슨의 성우 교체는 성우에 대한 사상 탄압'이라는 주장의 성명을 발표했다가 이를 철회하는 해프닝을 연출했다. 또한 문화평론가 진중권은 그동안 여성혐오를 돌아보면서 반성해야 한다는 취지로 '나는 메갈리안이다'라는 위악적인 선언을 발표하기도 했다.

그러나 여성혐오를 반성하는 것과 메갈리아/워마드를 옹호하는 것은 실제로는 전혀 별개의 문제다. 메갈리아를 옹호하는 일부 진보 진영의 선량들은 메갈리아/워마드의 혐오 발언이 그동안의 여성혐오에 대한 불가피한 방식의 문제 제기였다고 말한다. 이들이야말로 (이미 효과가 없는 것으로 판명된) 혐오 발언을 동반한 충격요법을 통해서만 대중을 교화할 수 있다는 선민의식에서 헤어 나오지 못하고 있다. 정작 일반 대중보다 메갈리아/워마드의 실상에 대해 더 잘 아는 것도 아니면서 말이다.

한편 《한겨레신문》에서는 '메갈리아 외에 누가 일베에 대항했느냐'라는 여성학자 정희진의 발언을 실었다. 기본적인 사실관계가 틀린 이야기다. 메갈리아는 일베에 대항하는 사이트가 아니라 일베의 혐오 발언과 그 혐오 발언을 정당화하는 방식을 그대

로 따라하는 사이트이며, 오히려 많은 남녀 네티즌들이 메갈리아
가 출현하기 훨씬 이전부터 일베에 대한 문제 제기를 하며 언론에
제보해왔다.[184]

더불어 현재 인터넷에서 이루어지고 있는 메갈리아/워마
드에 대한 문제 제기도 일베라는 혐오 사이트에 자발적으로 대항
한 경험이 있는 남녀 네티즌들이 쌓아온 집단지성의 산물이다. 예
를 들어 여성 전용 카페인 워마드에서 문제적인 혐오 발언을 외부
에 유출하는 것은 여성 네티즌들이다. 또한 자신의 신분증 일부를
인증하면서까지 메갈리아/워마드에 대해 반대하는 목소리를 가
장 적극적으로 낸 사람들도 여성 네티즌들이었다. 여성 네티즌 자
신들이 명예자지, 흉내자지라는 메갈리아/워마드의 여성 멸시적
발언의 피해자이기 때문이다. 이들은 이러한 혐오 사이트가 자신
들을 대표한다는 시각에 진심으로 분개했다. 일례로 오늘의유머
등지에서 160명이 넘는 여성들이 주민등록증을 찍은 사진을 올리
며 '나는 여성으로서 메갈리아/워마드에 반대한다'라는 목소리를
냈다.[185]

한편 문제의 발언을 한 정희진은 정작 '인터넷 커뮤니티
는 잘 모른다'라고 말했는데, 대부분의 소장학자들이 인터넷 커
뮤니티의 지형에 대해 무지할 뿐 아니라 아예 무관심하다는 사실

---

184   박가분, 《일베의 사상》, 오월의봄, 2013, 72쪽.
185   한혜수, 〈나는 여성으로서 메갈리아를 거부한다〉, 《미디어오늘》, http://media.
       daum.net/society/others/newsview?newsid=20160801175013416

을 단적으로 보여주는 사례다. 애초에 사실을 조금만 더 알아보면 이 논쟁이 남성 대 여성, 여성혐오 대 남성혐오의 대결구도가 아니라, 상식 대 비상식의 대결구도라는 것을 알 수 있다. 그럼에도 〈클로저스〉 성우 교체 사건을 발단으로 하여 그동안 메갈리아/워마드에 대한 궤변에 가까운 옹호론들이 쏟아졌다. 메갈리아/워마드는 단순히 남성혐오를 하기 때문에 문제가 되는 사이트가 아니고, 메갈리아/워마드야말로 여성 멸시적 발언을 일삼는 집단이라는 사실을 아무리 설명해주어도 네티즌들의 이러한 문제 제기를 여성혐오를 '반성하지 않는' 남성들의 변명이라고 치부해버린다. 이에 대해 《미디어오늘》에 기고한 한혜수는 "메갈리아를 비판하는 측에서 누군가 메갈·워마드를 '여자들'이라고 지칭하면 여자가 아니라 '메갈·워마드'로 고치게 하는 반면에 메갈리아·워마드 혹은 그 옹호자들이야말로 자신에 대한 비판론자들을 자지, 한남, 남성연대라고 싸잡아 비난한다"[186]라고 꼬집었다.

어쩌면 메갈리아/워마드 신드롬에 대한 인터넷 상의 자정 작용마저 억지로 남녀 대결 구도로 왜곡시키면서까지 메갈리아/워마드를 옹호하는 사람들이야말로 시간이 갈수록 더욱 막장화되고 패륜화되는 메갈리아/워마드의 공범자들이 아닐까?

슬라보예 지젝은 《전체주의가 어쨌다고》에서 제2차 세계대전 당시 피카소와 한 독일 장교의 일화를 들려준다. 나치가 파

---

186   같은 곳.

리를 점령한 후 독일군 장교가 피카소의 화실을 찾았다. 파시스트 정권의 무차별 학살을 그린 〈게르니카〉라는 작품을 보자 아연실색한 장교는 피카소에게 "당신이 그랬소?"라고 물었다. 이에 피카소는 이렇게 말했다. "아니요. 바로 당신이 그랬소!" 이것이야말로 탁월한 미러링의 사례다.

이제 상식적인 문제의식을 갖춘 독자들도 저 피카소처럼, 그동안 있었던 반사회적 혐오 발언의 실상을 외면하며 궤변을 일삼아온 이들의 얼굴을 가리키며 "바로 당신이 그랬소"라고 말해야 할 때다. 그러나 절대 메갈리아/워마드처럼 욕설과 무차별적인 혐오 발언을 동반한 난반사의 미러링을 행해서는 안 된다. 저들의 혐오 발언의 실상을 정반사의 미러링으로 비춰서 옹호자들의 얼굴 앞에 계속 들이밀어야 한다.

냉소주의자에게는 약도 없다

사실 일상에 만연한 혐오 발언의 악순환은 명확하게 누군가의 탓(예를 들어 나치, 파시즘, 제국주의, 가부장제, 여성혐오)으로만 돌리기 힘든 모호한 구조를 갖는다. 앞서 보았듯 '혐오의 시대'를 만드는 데 일조한 것은 단순히 특정 세력의 음모나 사회경제 구조(각종 불평등과 격차)만은 아니다. 수평적인 또래문화의 결핍, 또래집단 간 그리고 세대 간의 문화적 단절이라는 문화적 구조에 더해

'대항폭력'에 대한 긍정론, '혐오 발언'에 대한 명확한 정의의 부재, 현실인식이 부재한 규범적 담론의 범람, 여론을 단기간에 확보하기 위해 '충격요법'을 남용하는 정치 관행 등 무의식적인 정치적 집단사고 역시 지금까지의 혐오 발언을 방조하고 재생산하는 데 일조했다. '일베 신드롬'에서 이어진 '메갈리아/워마드 신드롬' 역시 그동안의 문화와 관행 그리고 사회구조의 축적에서 비롯했기 때문에 명확한 해결책을 제시하기란 어렵다. 그렇기 때문에 필자가 두 현상 모두에 '신드롬'이라는 이름을 붙인 것이다.

특히 이 문제를 '서로를 존중하자'라든가, '인권의식을 고취하자'라는 식의 당위론만으로는 해결할 수 없다. 인터넷 상에서 이루어지는 혐오 발언들은 인권의식이나 시민권에 대한 무지에서 비롯된 전근대적인 현상이라기보다는(그렇게 믿는 사람들은 흔히 계몽주의적인 태도로 사태에 접근한다) 그러한 규범적인 담론들을 이미 인지한 채로 이루어지는 냉소주의적인 담론의 구조를 띠고 있기 때문이다.

슬라보예 지젝이 《이데올로기라는 숭고한 대상》[187]에서 정확히 지적했듯이 후근대Post-Modern 사회의 지배적 이데올로기는 파시즘도, 인종주의도, 공산주의도, 사회주의도, (신)자유주의도 아닌 '냉소주의'다. 냉소주의자들은 이런저런 사실들을 몰라서 속는 전근대적인 바보들이 아니다. 그들은 '알면서도 자기 꾀에 속

---

187   슬라보예 지젝, 이수련 역, 《이데올로기라는 숭고한 대상》, 새물결, 2013.

아 넘어가는' 후근대적인 인간들이다. 냉소주의에 대한 지젝의 진단은 인터넷 공간에서 더욱 타당하다. 인터넷 상에서 혐오 발언에 탐닉하는 사람들은 정치적 올바름이나 인권 규범을 모르기 때문에 그런 짓을 반복하는 것이 아니다. 오히려 그들은 "나는 내가 무슨 짓을 하는지 알아. 그럼에도 나는 이런 짓을 계속할 거야"라는 태도로 일관한다. 앞서 보았듯이 일베에서 먼저 시작된 '미러링'의 논리(너희들이 예전에 쥐명박 닭근혜라고⋯⋯)는 자신의 혐오 발언을 자기의식적으로 정당화하는 냉소적인 태도를 압축적으로 보여 준다. 메갈리아/워마드는 이들의 참된 제자들이다.

한편 슬라보예 지젝과 같은 일부 좌파 철학자들은 현대에 만연한 '정치적 올바름'의 규범을 비판하며, 역으로 '올바른 전선에서 투쟁을 지속하자'라든가, '진짜 적(글로벌 자본주의와 국가권력)을 겨냥해야 한다'라는 식의 대안을 이야기한다. 요새 인터넷에서 유행하는 '헬조선' '죽창' 담론을 빌려 말하자면 서로의 배에 '죽창'을 꽂지 말고 위를 향해 '죽창'을 꽂자는 것이다. 그러나 이것 역시 어찌 보면 정확한 해결책이라기보다는 문제 상황을 동어 반복적으로 이야기하는 것에 불과하다. 예컨대 우리가 어디에서 누구와 싸우는지 어떻게 알 수 있는가? 우리가 싸우는 대상이 진짜 적인지 어떻게 알 수 있는가? 사실 복잡해진 현대 사회에서 급진적 저항 담론이 봉착한 문제는 바로 여기에 있다. 진정한 적대의 전선이 어디에 있는지 확실하게 단언하기 어렵다는 것이다. 한편 많은 이들은 혐오 발언에 탐닉하면서 자신들이 '진짜 적'과 싸우고 있다고 믿고 있다. 혹시 혐오 발언을 냉소적인 태도로 탐닉하면서 자신이 무언가 급진적인 성정치 전략을 실행하고 있다고 믿는 정신 나간 포스트모던 문화연구자가 있다면 어찌할 것인가? '자기 꾀에 스스로 속아 넘어가는' 이들 냉소주의자들에게 지젝의 계몽적인 비판은 완전히 무기력하다.

혐오 발언에 대한 모니터링과
규제 장치를 마련하자

이처럼 문제는 이중삼중으로 꼬여 있다. 문제의 꼬인 실타래를 풀기 위해서는 어쩌면 메갈/워마드가 처음에 내세웠던 미러링의 논리로 다시 되돌아가야 할지 모르겠다. 다만 지금과 같은 '난반사'의 미러링이 아니라 '정반사'의 미러링이 필요하다. 그리고 이러한 올바른 형태의 미러링은 냉소주의자들이 아닌 (점점 희소해지고 있는) 정상적인 상식을 공유한 일반인들에게 더더욱 필요하다.

앞에서 이야기했듯이 JTBC의 보도[188]를 통해 많은 사람들이 여성혐오뿐 아니라 남성혐오 발언이 인터넷 공간의 상당 부분을 잠식했다는 현실을 구체적인 수치와 키워드를 통해 마주하게

---

188   JTBC, 〈탐사플러스〉 "날뛰는 '혐오', 2년 새 2배… 게시물 분석하니", 2016.1.27. http://
news.jtbc.joins.com/article/article.aspx?news_id=NB11162374&pDate=20160127

되었다. 이 보도는 일부나마 사람들이 메갈·워마드 신드롬에 대한 환상에서 벗어나는 계기가 되었다. 혐오 발언 전반에 대해서 이 같은 햇볕 비추기가 필요하다. 이것은 분명 지난날의 일베에도 효과가 있었다.

한편 한국여성정책연구원에서도 2015년에 발간한 한 보고서를 통해 여성혐오 발언의 주요 키워드에 대한 의미연관성 분석과 남초 커뮤니티 내부의 혐오 발언에 관한 구체적인 수치를 기록했다.[189] 이 같은 형태의 커뮤니티 실태에 대한 분석을 젠더 및 인종 그리고 소수자 혐오 발언 일반에 적용해서 주기적으로 게시할 수 있다.

그나마 한 가지 희소식은 여혐 집단이든 남혐 집단이든 혐오 발언을 가장 적극적으로 게시하는 악플러들은 전체 혐오 발언 동조자들 중 극히 일부에 불과하다는 것이다. 혐오 발언에서도 네트워크 사회에서 통용되는 '롱테일의 법칙' 혹은 '2:8의 법칙'이 얼추 적용된다. 즉 혐오 사상의 동조자 중 20퍼센트가 80퍼센트 가량의 혐오 글을 올리며 여론을 주도하는 것이다. 일베와 메갈/워마드 같은 혐오 사이트에 올라온 글뿐 아니라 연예인 악플의 대부분이 소수의 집요한 악플러에 의해 작성된다는 사례가 보고된 바 있다.[190] 가능하다면 이들에 대한 블랙리스트 작성과 사회

---

189   〈남성의 삶에 관한 기초연구(Ⅱ): 청년층 남성의성평등 가치 갈등 요인을 중심으로〉, 한국여성정책연구원, 2015.

190   http://gall.dcinside.com/board/view/?id=iu_new&no=1480727

적 관리가 필요하다.

이를 '관리사회'의 등장이라든가 '자유의 제약'이라고 비난하는 것은 논점에서 벗어난다. 우리가 여기서 다루는 문제는 국가권력에 의한 제약보다는 네트워크 사회 그 자체에서 출현하는 무형의 권력이기 때문이다. 앞에서 언급한 《코드 2.0》에서 로런스 레식은 사이버 공간(인터넷 공간) 모두가 일련의 코드로 구성되어 있다는 점에 주목하며, 그러한 코드의 다발들을 '아키텍처'라고 불렀다. 레식은 이러한 아키텍처가 사용자의 내면을 묻지 않고 일정한 방식의 커뮤니케이션에의 몰입과 여론 조작을 유도한다는 점에서 규범·법, 시장에 뒤이은 '제3의 권력'의 가능성을 내포하고 있다고 말한다. 그 주체가 국가가 되었든 시민사회가 되었든 이러한 제3의 권력에 대한 견제 및 감시가 필요하다.

앞에서 보았듯이, 이러한 '아키텍처'의 구조는 인터넷 공간의 유저들의 행동과 사고방식(노출을 한 여성 BJ에게 별풍선을 쏘는 시청자에서부터 레벨업을 하기 위해 더욱 자극적인 행동을 일삼는 일베 유저까지)을 무의식적으로 감염시키는 위험성을 내포하고 있지만, 이를 국가와 사회가 제대로만 관리한다면 동시에 공익을 위해서 활용될 수도 있다. '아키텍처'는 양날의 검이다. 예컨대 인터넷 포털과 커뮤니티 그리고 SNS에서 그동안 이루어졌던 남녀·인종·집단을 불문한 혐오 발언 전반의 현황을 주기적으로 노출시키도록 법령으로 정하는 것도 한 가지 방법이다. 인터넷을 점유하고 있는 주요 혐오 발언의 키워드가 무엇인지, 각각의 발언들이 얼마나 빈번하게 이루어지고 있는지, 특히 주로 어디에서 이루어지는지를 말이다. 인권 단체들도 이러한 조치에 대놓고 반대하지 못할 것이다. 혐오 발언에 대한 사회적 모니터링은 단지 언론만이 아니라 정부기관 그리고 시민단체의 협력 아래 이루어지는 것이 가장 이상적이다. 특히 사실관계들이 대중에게 제대로 공유되기만 해도 쓸데없는 말장난과 감정싸움을 피할 수 있다.

특히 혐오 발언의 현황이 구체적으로 가시화되어서 공중에게 노출될 수 있는 구체적인 '환경설계'가 필요하다. 길거리를 지나다니다 보면 현재 미세먼지의 농도가 얼마인지를 표시하는 전광판을 볼 수 있다. 이와 비슷한 사회적 전광판이 인터넷 공간의 주요 결절점에 설치되어야 한다. 이것을 주요 포털사이트에 (마치 오늘의 날씨와 미세먼지 농도 현황을 게시하듯) 게시하는 방법을 생각해볼 수 있다. 인터넷 상의 정량화된 '혐오지수'를 공개하는 것은 특히 인터넷 공론장을 화력 과시의 장으로 변질시키는 악순환을 일정 부분 막을 수 있다.

현재 네이버 뉴스 댓글창에도 남녀별·연령별 관심 뉴스를 게시하고 있다. 여기에 더해 많은 사람들이 보는 포털 뉴스 댓글창에 특정 커뮤니티가 몰려와서 도배를 할 때 경고 표시와 함께 최근 급증한 뉴스 기사의 유입 경로를 자동적으로 표시하는 방법도 강구해볼 수 있다. 물론 이러한 장치를 우회해서 뉴스 댓글을 도배할 수 있는 가능성이 있기는 하다. 따라서 해당 포털 뉴스기사 댓글에 가장 많은 도배를 한 사람들의 아이디를 상위 몇 명까지 노출시키는 방법을 추가적으로 강구해볼 수 있다.

어디까지나 아마추어의 제안에 불과하기 때문에 이러한 방식이 얼마나 효과적일지는 모르지만, 몇 가지 장치들을 추가하는 것만으로도 최소한 커뮤니티 간의 전쟁과 혐오 발언에 관여하지 않은 무고한 사람들이 인터넷의 혐오 발언으로 불필요하게 상처받는 것을 방지할 수 있다고 생각한다.

《일반의지 2.0》에서 아즈마 히로키[191]가 제안하듯이, (배후의 사회구조에 대한 분석을 떠나) 인터넷의 무의식적인 욕망과 정념을 하나의 (오염)물질처럼 간주해서 관리할 필요가 있다. 특히 혐오 발언이라는 오염물질이 인터넷에서 자생적으로 정화되기 어려운 이유 중 하나는 인터넷 커뮤니티와 SNS가 취미와 관심사에 따라 개별적인 '섬-우주'로 분열되어 있는 데다 최악의 경우 서로 화력 과시의 전쟁을 벌이는 형태로 구조화되어 있기 때문이다. 여기서 전쟁이란 서로 대면하지 않은 채 다른 사이트나 뉴스 기사를 점령해서 상대방에 대한 욕으로 도배하는 것을 말한다. 이때 인간은 불가피하게 '동물화'된다. 개별적인 섬-우주 내부에서 타자를 상상할 때, 이 모두를 포괄할 수 있는 큰 공공성 자체를 상상하기란 어렵기 때문이다.

이것은 대다수 여성주의자들이 바라는 사회상과도 거리가 멀다. 여성주의자들이 중시하는 일상과 작은 차이, 다양한 정체성

---

[191]   아즈마 히로키, 안천 역, 《일반의지 2.0》, 현실문화, 2012.

에 대한 관용도 기본적으로 큰 공공성에 대한 상상에 기초해 있기 때문이다. 큰 공공성에 대한 상상을 배제한 차이, 적대, 정체성들로 경사되는 담론은 불가피하게 "동물화된 포스트모던"으로 귀결된다. 아즈마 히로키가 말하는 '동물화된 포스트모던'이란 각자자신이 선택한 매체에서 각자의 관심 있는 작은 이야기에 몰입하는 커뮤니케이션 환경을 의미한다. 아즈마 히로키는 이것이 불가피하다고 말하지만, 문제는 이러한 각자의 작은 이야기들(혐오 담론)이 서로 격투를 벌이며 증오하는 전쟁 상태가 초래되면 수습이 거의 불가능하다는 점이다. 모두가 더 큰 공공성을 표상할 수 있도록 만드는 장치가 필요하다.

이와 관련해서 한 가지 사례만 들어보자. 미국의 헌법학자 카스 선스타인은 모든 사이트에 반대의견 사이트로 연결되는 링크 걸기를 의무화하자는 대담한 제안을 하고 있다.[192] 이것은 진보든 보수든 반자유주의적인 조치로 생각될 수 있다. 그러나 이러한 제안은 결국 한 인간이 부지불식간에 동물처럼 행동하지 않도록하고 인간다운 품위를 유지할 수 있게 하려면 그에 따른 환경설계가 우선이라는 사태 이해에 기초하고 있다. 그렇게라도 하지 않으면 인간은 보편을 생각하지 않기 때문이다. 인간이 개·돼지처럼 행동하도록 만드는 환경을 내버려두면서 인권 규범 혹은 '차이'와 '정체성' 그리고 '욕망'의 권리를 내세우는 담론들은 기본적으로

192 같은 책, 116쪽에서 재인용.

위선에 불과하다. 사실 인터넷 혐오 발언 신드롬은 '인간성'을 기반으로 하지 않은 '차이' '정체성' '욕망'을 무한정 긍정하는 포스트모던 철학이 낳은 괴물이기도 하다. 여기서 인간성을 철학적으로 되묻는다는 것은, 다시 말해 인간성을 확보할 수 있는 조건을 되묻는 것이지, 그것을 부정하는 형태가 되어서는 안 된다.

더 나은 대안은 현명한 독자들의 몫

물론 앞서 언급한, 인터넷 공간에서의 인간성 확보를 위한 환경설계에 관해 늘어놓은 이런저런 제안들은 어디까지나 아마추어의 견해에 불과하며 무엇보다 임기응변의 대증요법에 불과하다. 많은 이들이 이야기하듯이, 혐오 발언의 근원적인 뿌리는 사회경제적인 불안정과 불평등 그리고 또래집단 간의 단절과 세대 간의 문화적 단절에 있다. 특히 오늘날과 같은 대중사회에서 개인이 개인으로서 자립하고 주체적인 판단과 행동을 한다는 것은 거의 불가능에 가깝다. 대중사회의 히스테리로부터 개인을 보호할 수 있는 장치와 제도가 마련되기까지 어느 정도는 자력구제가 불가피해 보이기까지 할 지경이다. 아무튼 이 책을 읽은 현명한 독자들의 지혜를 모아 더 근원적인 문제 해결책에 대한 고민과 논의가 활성화되기를 희망한다.

혐오의 미러링

초판 1쇄 발행 | 2016년 9월 10일

지은이   박가분
편집   이기홍
디자인   이미지, 정진혁

펴낸곳   바다출판사
발행인   김인호
주소   서울시 마포구 어울마당로5길 17(서교동, 5층)
전화   322-3885(편집), 322-3575(마케팅)
팩스   322-3858
E-mail   badabooks@daum.net
홈페이지   www.badabooks.co.kr
출판등록일   1996년 5월 8일
등록번호   제10-1288호

ISBN 978-89-5561-876-1 03300